人的資本経営を実現する

「エンゲージメント調査」の
つくり方・活かし方

株式会社これあらた代表取締役　冨山陽平

同文舘出版

はじめに

▶ エンゲージメント調査の急速な普及

「エンゲージメント調査？　サーベイ？　担当になったけど、どうするの？」
「予算は少ないけど、とにかくエンゲージメント調査をやれと言われた」
「これ以上、管理職や従業員の負担を増やしたくないが、やりっぱなしにもしたくない。対策の実行までどう進めたらいいか？」

　このような声にお応えするために、本書を執筆しました。書き進める原動力になったのは、エンゲージメント調査（従業員意識調査、従業員満足度調査という形も含む）の急速な普及にともなう私の問題意識です。本題に入る前に、私がどのような過程を経てエンゲージメント調査について書こうと思ったのかをお伝えできればと思います。よろしければお付き合いください。

「従業員の意識調査？　そんなのをするだけで、うちの利益率上がるの？」
「言いたいことがあるなら面と向かって言えばいい。調査なんていらん」
「やりがい？　がむしゃらに働けばいい。会社が考えてやる必要はない」
「そういうのって、組合が要求をまとめるためにやるものだよね？」
「従業員の要望を聞くものでしょう？　そんな余計な予算ないよ……」

　2010年代前半、私が従業員意識調査の必要性を、何人かの経営者に伝えたときにもらった手厳しいコメントです。
　リーマンショック直後ということもあったと思いますが、企業が従業員の声を聞く必要性に疑問をもっている意見もありました。私としては大切なことだと思いその必要性を訴えていましたが、なかなか理解されないことが歯がゆく、自分の力不足を痛感しました。
　それから10年ほど経った2020年9月、経済産業省から「人材版伊藤レポー

ト」が出され、2022年5月には「人材版伊藤レポート2.0」が公表されました。人的資本経営という概念のもと、経営戦略と人材戦略の連動が重要視され、また人材に関する情報開示が推奨されています。企業によるエンゲージメントの測定と把握の重要性も掲げられていました。

　このレポートの公表後、2010年代中ごろから続く人手不足感も相まって、大企業を中心にエンゲージメント調査の実施率が高まります。また、コロナ禍によるリモートワークの普及が、従業員の状態把握を難しくさせ、普及の流れをさらに加速させました。さらには2023年3月期決算以降、上場企業の人的資本の情報開示義務化の流れもあり、エンゲージメント調査の結果開示に対する意識も高まっています。

　エンゲージメントの測定と把握を社会や資本市場から強く求められるのは大企業、特に上場企業ですが、今後は上場企業のサプライチェーンにもその影響が広がっていくことでしょう。さらに、エンゲージメント調査の提供事業者が飛躍的に増えたことで比較的安価なエンゲージメント調査も増え、中堅企業、中小企業においても導入が進んでいます。

　このように、ここ数年の間にエンゲージメント調査の実施と結果開示の重要性への理解が一気に進んだことは喜ばしいことです。その一方で、「実施することが目的になってしまっている調査」だと従業員に感じさせてしまう調査もあるようで、次のような相談が増えました。

「今のエンゲージメント調査では、聞きたいことが聞けていない」
「悪い数値を上げろという圧力があり、従業員の本当の声が見えなくなる」
「結果が悪く、対策を講じたいが、どう対策したらいいかわからない」

　このような相談を受けるたびに、調査の潜在的価値を充分に引き出せていないと感じてしまいます。本来、エンゲージメント調査は、企業規模によらず、従業員の働きがい改善と企業業績を伸ばしていく上で有用であり、従業員の意見を収集・分析し、適切な対策を立てるための重要なツールです。従業員の声は、批判的な声も含めて改善に向けた芽として重要なものなのです。

　よって、実施するからには従業員ファーストの調査、すなわち、自社らし

さを意識した調査で、信頼性の高いデータを収集し、分析結果に対する対策を考え実行することで、**エンゲージメント調査に回答した意味があったと従業員が感じられる調査**であってほしいと思っています。

▶「働きがい」と「業績指標」の関係

「エンゲージメント」という言葉が普及する前の2003年、JR東日本に入社し、乗務員として勤務していたとき、「働きがい」に関心をもちました。

乗務員は基本動作を徹底し、安全第一に取り組む業務で、安全上の失敗がないことを重視します。一方、お客さまサービスで非常に良いことをしたからといって、素晴らしい賛辞を受けるとは限りません。このような環境であることは、人の生死に関わる職場ですし理解できますが、褒める文化が少ない感覚を覚え、職場風土としてはバランスを欠いていると感じていました。

もちろん、お客さまサービスを強く意識している乗務員もいました。彼らの仕事の姿勢は丁寧で活気があり、同僚の良いところにもよく気がつき、前向きな声かけをしていました。

このような経験から感じたことは、お客さまや職場の同僚から、「よくやっているね」「ありがとう」と言われることで働きがいが実感でき、個々の業務の質が高まっていくのではないか、すなわち**働きがいの実感は、ミスの低減など業績指標に影響を与えるのではないか**ということでした。

「働きがい」と「業績指標」の関係に関心をもち、私なりに職場に仲間をつくりながらいろいろな活動をしていましたが、そのときに徹底的に読み込み、参考にした本が『なぜ会社は変われないのか：危機突破の風土改革ドラマ』（柴田昌治著、日本経済新聞出版）でした。そして、本業にしてみたいと感じるようになり、柴田氏が率いる組織風土改革を専門とするコンサルティング会社、スコラ・コンサルトに2007年に転職することにしました。

コンサルティングの仕事をする中で感じたことは、「全体を正しく捉える難しさ」です。その解決策のひとつとして「組織風土アセスメント[※]」の開

[※]「組織風土アセスメント」は、株式会社スコラ・コンサルトの登録商標です。

発に取り組みました。アセスメントの設計段階から私が意識していたのは、「従業員の満足度ではなく、従業員の働く意識と会社の方針に対する理解を明らかにすること」であり、今でいう「エンゲージメント」の視点から、全体を正しく捉えるきっかけになりました。この経験を通じて、「働きがい」と「業績」の関係への関心がますます高まりました。

2009年に独立し、当初はICTコンサルティング業務をしていましたが、旧知の方から「当社の従業員意識調査を君にやってもらいたい」という依頼をいただき、改めて「従業員意識調査」を自分の強みとして感じるようになりました。

2015年ごろからは、私のブログ記事やクライアントからの紹介で、「従業員意識調査」の依頼が増えていきました。

「離職がとまらない。原因を把握したい」
「機械が原因ではない品質不良が続く。原因を把握したい」

このような緊急事態での依頼が多かったのですが、原因が見えにくい問題は人に起因することが多く、従業員意識調査から問題解決の糸口が見えることは多いのです。クライアント企業に合わせた意識調査を、プロジェクトチーム（事務局）とともに企画・設計・実施し、改善活動を支援する中で、働きがいの向上が業績の改善につながることを実感するようになりました。ここでいう業績とは、売上だけではなく、ヒューマンエラー率の低下や離職率の低下など、企業業績に影響を与えるすべての指標を指します。

私が独立した当時、ある経営者から、「働きがいの変化は業績の先行指標になる」という視点でのアドバイスをもらいました。当時は、その言葉の意味を実感するには至りませんでしたが、従業員意識調査の業務を重ねるにつれて、アドバイスの意味を強く実感し、**働きがいの向上が、少し遅れて業績の改善につながっていく**という確信をもつに至りました。

そして2018年、私は『組織の未来はエンゲージメントで決まる』（新居佳英・松林博文著、英治出版）を読み、エンゲージメントという概念を知りま

した。この本では、エンゲージメントを「組織や職務との関係性に基づく自主的貢献意欲」と定義しています。仕事柄、まったく知らなかったわけではありませんが、エンゲージメント単体の意味だけではなく、業績との関係がきちんと整理されており、俄然注目しました。

このエンゲージメントの概念は、私が描いていた「働きがい」に関する考えを、より高度に捉えており、「働きがい」と「業績」の関係性の強さにより一層の確信をもつようになりました。

▶ 本書を通じて、知っていただけること

エンゲージメント調査というと、外部委託するもの、パッケージ商品を導入するものという考えもありますが、必ずしもすべてのステップを外部に委託する必要はありません。外部委託せずに内製化することで、自社にフィットした調査を構成でき、同時にコスト削減が実現するだけでなく、調査の設計に関わった従業員の人材育成につながるという副産物も得られます。

本書は、エンゲージメント調査の導入、設計、対策までを、自社内で実施できるよう、ページ数の許す限り丁寧にステップを踏んで記載しています。全体像として理解できるよう、専門性の高い統計的知識を前提とせず、それでも充分に質の高い調査ができるように書いています。

また、私が今まで直面してきた、クライアントの困りごとや「こんな小さなことを意識するだけでも回答率が上がるんだ」という一手間の旨味など、実際の場面を踏まえた情報も盛り込んでいます。

本書内に盛り込めなかった、Excel ファイルのサンプルや、電子データのほうが便利なものなどは、読者 Web 特典サイトからダウンロードできるようにしていますので、必要に応じてご活用ください。

従業員一人ひとりが仕事に対する働きがいを見いだし、企業は持続的な成長を実現していく。エンゲージメント調査を活かすことで、そんな好循環が生まれる企業が一社でも増えることを心から願っています。

株式会社これあらた　代表取締役　冨山 陽平

本書の特徴

　本書は、エンゲージメント調査を実施しようと思っている企業、調査の見直しを考えている企業向けに、エンゲージメント調査の全体像を解説しています。

>|構成|

第Ⅰ部：理論編〈1章～3章〉

　エンゲージメント調査を進める上での前提知識を書いています。人的資本経営・エンゲージメント・エンゲージメント調査についてお伝えします。また、外部委託する際のポイントについても触れています。

第Ⅱ部：実施編〈4章～7章〉

　エンゲージメント調査を設計・収集・分析し、結果報告するまでの流れが書かれています。できるだけ本音の回答を集めるためのポイントや、こだわりすぎなくても充分に質の高い分析ができることをお伝えします。

第Ⅲ部：活用編〈8章～10章〉

　結果が出た後の報告書のとりまとめと、対策の立案、対策の実行について紹介します。また、外部に情報を開示する場合のあり方について、事例を交えながら紹介します。

>|想定読者層|

●**役員、人事部・総務部・経営企画部等のエンゲージメント調査担当者**

（導入前）

☑自社で企画・実施しようと検討している

☑外部委託する予定で、委託先選定のための予備知識や発注する際の注意点を理解したいと考えている

☑導入・実施について経営層に説明するための知識を得たいと考えている

（実施中）

☑うまくいっている実感がもてずに悩んでいる

☑対策立案に苦慮している

●**各部門・職場の部門長や幹部職**

☑調査結果をもとに対策を考えるように指示されているが、どう対策を立案したらいいか困っている

人的資本経営を実現する
「エンゲージメント調査」のつくり方・活かし方
◆目次◆

はじめに

本書の特徴

第Ⅰ部 理論編
——エンゲージメント調査の前提知識

1章 エンゲージメント調査の質を高める「人的資本経営」の知識

1 人的資本経営の知識でエンゲージメント調査の質が何倍もよくなる　18

2 人的資本経営とは　20

3 具体的なフレームワーク「3P・5F」モデル　24

4 人材は「コスト」か「資本」か　29

5 人的資本情報は開示が必要　33
6 「人的資本」の項目と「人的資本経営」の見える化　35
1章のまとめ　38
◆Column◆ 自社の人的資本経営実践度チェック　39

2章　これからの企業経営の指標となる「エンゲージメント」の知識

1 エンゲージメントとは　42
2 エンゲージメントと企業業績の関係　48
3 エンゲージメントの「国際比較」「他社比較」は意味があるのか　53
4 エンゲージメントの構成要素と独自性　57
2章のまとめ　60
◆Column◆ 「モーレツ企業」にはモーレツなりのエンゲージメントがある　61

3章　効果的な「エンゲージメント調査」の全体像

1 エンゲージメント調査とは　64
2 一般的なエンゲージメント調査の進め方　70
3 定点観測ツールとして定期的に実施する　72
4 エンゲージメント調査の成功要因・失敗要因　73
5 実際にクライアントから聞かれたエンゲージメント調査Q&A　76

6 外部委託先について知ろう　80

3章まとめ　88

◆ Column ◆ 中小企業でも必要？
　　　　　　役員に必要性をわかってもらいたい　89

第Ⅱ部

実施編
──カスタマイズ型エンゲージメント調査の実践

4章　全体設計プロセス
──問題解決の打ち手が見える調査の実施

1 調査の全体像　92

2 事務局メンバーを選ぶ　97

3 スケジュールを構成する　100

4 「現状仮説」と「ありたい姿」を共有する　108

5 回答対象者を決める　113

6 回答者属性を決める　116

7 調査名称とロゴを決める　119

8 企業事例❶ 対策検討チームを立ち上げて進める　121
4 章のまとめ　123

◆ Column ◆ こんな大切なことを自分たちだけで
　　　　　　 決めてよいのか……　124

5章　設問設計プロセス
──わかりやすい設問文のつくり方

1 全体設計に基づいた設問群の構成　126
2 【指針作成】設問設計コンセプトをまとめる　128
3 【材料集め】設問候補を集める　130
4 【分類】設問設計コンセプトに沿って分類する　132
5 【抽出】設問数を確定し抽出する　134
6 【整形】設問文を整形する　137
7 設問群の完成　145
8 生成AIで設問群をつくる場合のメリット・デメリット　147
5 章のまとめ　150

◆ Column ◆ 役員・上司に「これも調査で聞いてよ」と
　　　　　　 言われたら？　151

6章　回答収集プロセス
──心理的安全性を意識した
「正しい回答データ」の収集

1 "本音度"の高い回答データを収集する手順　154
2 【回答環境】Web調査を主体にする　156

3 【調査票】Web調査票と紙面調査票のつくり方　161
4 【調査要項】とりまとめた上で役員に報告する　165
5 【事前周知】目的・活用方法をきちんと伝える　167
6 【回答率】回答期間開始の案内と回答率の管理　169
7 【最終確認】回答期間外の回答の取り扱い　174
8 企業事例❷ 目につくところすべてに告知を！　176
6章のまとめ　178

◆Column◆「途中経過の回答率が低い!?　何とかしろ」と言われたら？　179

7章　データ分析プロセス
──適切なグラフ化と読み取りのポイント

1 分析の心構え　182
2 回答データを整理する　186
3 分析のレベルと解像度を決める　190
4 回答データの妥当性・信頼性分析　195
5 段階評価設問の分析　199
6 単一・複数選択設問の分析　210
7 自由記述〈短文〉〈長文〉の分析　214
8 設問間の回答傾向を比べることによる分析　220
9 業績指標との関係性分析　227
10 企業事例❸ グラフだけを見て、データと実感に向き合う　230
7章のまとめ　232

◆Column◆ 統計に詳しい従業員に突っ込まれたら？　233

活用編
―― エンゲージメント調査の効果的な運用

8章　対策立案プロセス
―― データを活かすコメントと対策の立案

- 1　報告書を構成する上で意識する視点　　236
- 2　報告書の構成　　238
- 3　報告書の社内での開示範囲を決めておく　　243
- 4　データに対するコメントのつけ方　　246
- 5　対策の立案方法　　249
- 6　企業事例❹　報告書を「自分たちの言葉」でつくる　　251
- 8章のまとめ　　253
- ● Column ●　役員が「これは、設問が悪い！」と言ってきた……　　254

9章　対策推進プロセス
―― 行動につながる仕組みづくり

- 1　「結果報告」が対策のスタート　　256

2　対策を推進する事務局のあり方　262
3　横断的な対策の進め方と進捗管理　268
4　部門別対策の進め方と進捗管理　272
5　対策推進の実態──スムーズに進むのか？　279
6　企業事例❺ 結果を片手に、
　　とにかく現場の部門長と議論してまわる　283

9章のまとめ　285

◆Column◆「こんなのやっても無駄だよ」と言われたら？　286

10章　社外開示プロセス
──開示の基礎知識と好事例の把握

1　人的資本経営で求められる開示のあり方　288
2　エンゲージメント調査の結果を開示する方法　292
3　人的資本開示の好事例紹介
　　──エンゲージメント調査開示の視点から　295

10章のまとめ　298

◆Column◆ 自社の「統合報告書」を見てみましょう　299

おわりに
読者Web特典のご案内

装幀　荒井雅美（トモエキコウ）
本文DTP　マーリンクレイン

※本書の内容は、著者の知見と経験に基づいて書かれていますが、その正確性や完全性を保証するものではありません。本書の情報を利用したことにより直接的または間接的に生じた損害に対し、著者および出版社はその責を負わないものとします。
※本書内に記載した各URLの最終アクセス日は2024年9月1日です。

理論編

―― エンゲージメント調査の前提知識

1章

エンゲージメント調査の質を高める「人的資本経営」の知識

● ○ ⬢ ○ ●

　人的資本経営とは、人材の価値を引き出し、企業価値向上につなげる経営のあり方のことです。また、エンゲージメント（従業員が企業の目標を理解・共感し、自発的に貢献する意欲をもつこと）は、人的資本経営における重要な要素のひとつです。

　エンゲージメント調査の設計について知るためには、まず人的資本経営について知る必要があります。

　本章では、人的資本経営の考え方、人的資本経営におけるエンゲージメントの位置づけ、ならびに人的資本経営のメリットについて解説します。

1

人的資本経営の知識で エンゲージメント調査の質が何倍もよくなる

エンゲージメント調査の本を手に取ったのに、「なぜ最初に、人的資本経営について知る必要があるのだろう？」と思われたのではないでしょうか。実は、エンゲージメント調査の質を高め、その結果を最大限に活用するためには、人的資本経営という考え方の知識が不可欠なのです。

エンゲージメント調査は、何らかの目的があって実施します。定期的な職場改善活動の定点調査、離職率の改善、品質不良問題につながる問題の芽の抽出などです。

最近は人的資本開示の流れもあって、エンゲージメントスコアをブランディングとして活用するために導入する企業も増えています。いずれにしても、それらの目的はすべて「**業績の改善**」につながっています。

もちろん仕組みの改善で解決できる問題もあります。ですが、従業員の「能力・スキル」「経験」「意欲」「業務の相性」「創造性」など、個々の資質が最大限に活きて、企業と従業員の関係に好循環が生まれている組織を目指せたら、より企業価値は高まるのではないでしょうか。

このような、従業員のもつ価値を最大化し、企業価値につなげるにはどう

図表1-1-1 人的資本を考える上での視点

エンゲージメント調査では、従業員へのアンケートを通じて、構造が機能しているかを、特にソフト面（見えにくい部分）に着目しながら、計測する。

するかを考えるためのキーワードが、**「人的資本」と「人的資本経営」**です。

人的資本とは、先ほど列挙した従業員の「能力・スキル」などの資質を資本として捉えることを意味します。そして、この人的資本の質や発揮度を高めていくために、エンゲージメント（従業員が企業の目標を理解・共感し、自発的に貢献する意欲をもつこと）の状態がどの程度なのかを計測することで、問題の本質が見えてくるのです。

この計測をおこなうツールが、エンゲージメント調査です。しかし、ただ単に調査を実施するだけでは不充分です。丁寧に設問を検討し、従業員に本音で答えてもらえる環境をつくり、調査結果を適切に分析し、改善策を立案・実行していかなければなりません。そのときに、人的資本経営について知っているか、知らないかでは、調査の質・対策の質に大きな影響が出てきます。

たとえば、エンゲージメント調査の結果から、ある部門のエンゲージメントスコアが低いことが明らかになったとします。その原因を特定し、効果的な改善策を打ち出すためには、人的資本経営の視点が欠かせません。

従業員のモチベーションに影響を与える要因や、必要な人材育成の取り組みを考える際、人的資本に関する知識が重要です。この知識があれば、過去に社内で実施した施策を再度おこなう場合でも、最新の理解や新しい視点に基づいて効果の高い施策を考えられる可能性が高まります。

また、エンゲージメント調査の結果を経営戦略に反映させたり、社外開示について考えたりする際にも、人的資本経営の理解が重要です。**調査結果から得られた知見を、人材戦略の立案や組織文化の醸成に活かす**ことで、人的資本価値を最大化することができます。

このように、まずは人的資本経営について理解することが重要なので、本章では、次項から「人的資本経営とは何か」について、より具体的に見ていきましょう。

2 人的資本経営とは

　人的資本経営とは、経済産業省の定義によれば、「人材を『資本』として捉え、その価値を最大限に引き出すことで、中長期的な企業価値向上につなげる経営のあり方」のことをいい、目指すものは「企業と社会の持続的成長」です。

▶ 必要とされる背景

　主なものとして3つ挙げられます。1点目は、人口減少により多様な人材確保が必須となっていること、2点目は、競争力維持のために高度なスキルをもつ人材の確保が不可欠になっていること、3点目は、従業員への投資とその管理が投資家にとって重要な判断ポイントになっていることです。

1. 多様な人材の確保と多様な働き方への対応

　少子高齢化により労働人口が減少し、女性、シニア世代、外国人労働者など多様な人材の登用がますます重要になっています。グローバル化や文化の多様性が進む中で、様々な背景をもつ人々を受け入れるためには、企業は多角的な視点をもつ必要があり、同時に、従業員の多様な働き方への対応を進める必要があります。

　この対応を適切に進めることで、従業員のパフォーマンスを最大限に引き出し、創造的な解決策やイノベーションを生み出す機会を得ることができます。結果として、持続的な成長と競争力の向上を目指せるようになります。

2. 技術革新による、従業員に求めるスキルの高度化

　デジタル化やAIなどの技術革新は、仕事の内容や必要とされるスキルに大きな変化をもたらしています。自動化が進む中で、単純作業やルーティン

ワークは機械に置き換わりつつあり、人間にはより複雑で創造的な仕事が求められるようになっています。

このため、従業員は新しい技術を学ぶとともに、批判的思考、問題解決、創造性などの高度なスキルを習得する必要があります。

このように企業は、高度なスキルをもつ人材を確保し、育成することが競争力を維持する上で不可欠になっています。

3. ESG投資の活発化

近年、持続可能な社会を目指した取り組みが世界的に注目を集める中で、ESG 投資が活発化しています。ESG 投資とは、環境（Environment）、社会（Social）、企業統治（Governance）の観点から持続可能な企業活動を評価し、投資をおこなうことをいいます。

人的資本経営は、ESG 投資の「社会」および「企業統治」の側面に直結します。特に、労働条件、従業員の健康や福利厚生、ダイバーシティ・エクイティ＆インクルージョン（DE&I）、人材育成などが、投資における重要な評価基準とされています。

このような背景から、企業の成長性や将来性を評価する上で、従業員への投資とその管理は、投資家にとって重要な判断ポイントとなっています。

このように、人的資本経営が注目される背景を鑑みれば、多くの方に納得感が生まれると思いますが、これだけ急速に浸透したのは、2020 年のアメリカでの人的資本開示の義務化、ならびに 2023 年 3 月期から有価証券報告書において、人的資本の開示が義務づけられたことの影響が大きいでしょう。

▶ 実践することで得られるメリット

人的資本経営を推進することで得られるメリットは、たくさんありますが、主として次のようなものがあります。

1. 業務に関するミスマッチが起きにくくなる（パフォーマンス最大化）

従業員一人ひとりの能力・経験・スキルなどを正確かつ詳細に把握することを重視するので、一人ひとりのパフォーマンスを最大化できる人材配置が可能になります。

2. 人が集まる企業になる（採用コストの低減）

近年はSNSや社員の口コミで、働く環境に関する企業の評判は、かなり正確に伝わります。

自身の能力が発揮しやすく、成長がしやすい環境で、働き方への配慮もある企業であれば、当然評判は高まります。就職先を給与だけで決める時代ではないからこそ、こういったところへの評判が高まれば、採用コストの低減にもつながります。

3. 働きがいを実感しやすくなる（エンゲージメントの向上）

人材育成体系を明確にすることで、一人ひとりが、「自分たちの成長への投資」を実感するようになり、従業員のモチベーションの維持・向上が期待できます。また、主体性を引き出すことで、企業文化に対する納得感や方針に対する理解が深まり、働きがい向上や離職率低下などにつながります。

4. 従業員の相乗効果が生まれる（生産性向上）

多様な価値観や知識・能力をもった人材が集まることで、一人ひとりのパフォーマンスが向上するだけでなく、相乗効果によって業務の生産性も高まります。結果として、企業全体の収益率拡大に結びつく可能性を高めます。

5. 投資家に注目されやすくなる（投資価値向上）

人的資本経営は、従業員への投資を通じて企業の持続的成長を促すため、企業価値を判断するために欠かせない重要な指標として投資家から注目されています。人材育成や働きやすい環境づくりに力を入れている企業は、長期的な視点で価値創造が期待できるからです。

▶ 目新しい概念ではないが、社会の要請が大きく変化している

　人的資本経営における5つのメリットのうち1～4を見ると、決して目新しいとは感じないのではないでしょうか。企業としては昔から取り組んでいるのに、従業員にうまく伝わらなくなった、従業員の反応が鈍くなったなど、従業員の変化に原因を求めている方も多く、その気持ちも理解できます。

　ですが、背景でも挙げたとおり、従業員の多様化への対応など、社会の要請が変わってきています。社会の要請に対して、**「やむを得ない対応」**と考えるか、**「事業の発展につなげられる」**と考えるかで、本気度は大きく異なるでしょう。

　私自身、「事業の発展につなげられる」と考えている企業は、ハイレベルな人的資本経営が実現できていると感じています。

　では、「やむを得ない対応」と考えている企業は、心底やむを得ないと思っているかというと、そうではない場合が多いようです。経営の中で優先順位が上がらず、人材関連の予算比率が低く、対応したくてもできないと思っている企業が多いのも事実です。たしかに、私も組織風土のコンサルタントとして17年携わる中で、コミュニケーションのあり方が大きく変化している割に、人材育成において変化をもたらせず、苦慮している人材系部門を多く見てきました。

　そんな中、投資家が従業員への投資に着目するようになったことで、予算配分にも大きな影響を与えるようになりました。従来は人材関連の話題を出すと、予算の優先順位も低く、「人材投資は、コストとして管理されるもの」と考えられる傾向がありましたが、投資家が投資判断する上で重視するようになったことで、**「人材投資は、従業員を活かし、経営に寄与するもの」**という認識に変わってきました。これにより、予算配分も改善される可能性が高くなり、企業と従業員の関係性の再構築が進めやすくなると考えられます。

3
具体的なフレームワーク「3P・5F」モデル

　人的資本経営の中身を見ていきましょう。人的資本経営の肝は「**経営戦略と人材戦略の連動**」です。これは、2020年「人材版伊藤レポート」で図表1-3-1のように示され、「3P・5Fモデル」と呼ばれます。

図表 1-3-1 3P・5F モデル

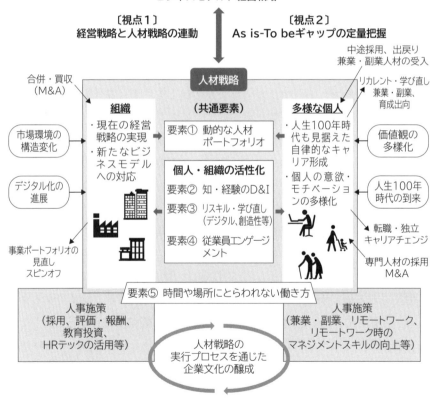

出典：「人材版伊藤レポート」（経済産業省）
　　　https://www.meti.go.jp/shingikai/economy/kigyo_kachi_kojo/pdf/20200930_1.pdf

「3P」とは、「人材戦略を検討する際にどのような視点から俯瞰すべきか？」という視点（Perspectives）のことで、次の３つを挙げています。

●視点１：経営戦略と人材戦略の連動

経営戦略と人材戦略を連動させることが重要です。経営戦略の実現に必要な人材を明確にし、その獲得・育成・活用の方針を人材戦略に落とし込みます。そうすることで、経営戦略の実現を人材面から支えることができます。

●視点２：As is－To beギャップの定量把握

現状（As is）と目指す姿（To be）のギャップを定量的に把握することが重要です。現在の人材の能力やスキルと、経営戦略の実現に必要な人材像を比較し、その差を定量化します。このギャップを明確にすることで、必要な人材育成の規模や内容、期間などを具体的に計画できるようになります。

●視点３：企業文化への定着

人材戦略を立案し、実行した結果、組織全体の行動様式として根付かせなければ、持続的な効果は期待できません。人材戦略の実行プロセスにおいて、従業員との間で経営方針、パーパス（存在意義）、行動指針などを共有することが大切です。

また「5F」は、業種を問わず、いかなる企業でも共通して組み込むべき人材戦略の要素（Factors）で、次の５項目を挙げています。

●要素１：動的な人材ポートフォリオ

動的な人材ポートフォリオとは、企業が保有する人材を、その能力やスキル、経験などに基づいて分類し、リアルタイムに全体像を可視化できる状態を指しています。リアルタイムな人材情報を活用することで、経営戦略の変更に合わせて、常に最適な人的資本を確保し、活用することを目指します。

●要素2：知・経験のダイバーシティ＆インクルージョン

　知識や経験の多様性を確保し、それを活かすことが重要です。異なる背景をもつ人材が協働することで、イノベーションが生まれやすくなります。そのためには、多様な人材の採用に加え、一人ひとりが能力を発揮できる環境づくりが欠かせません。

●要素3：リスキル・学び直し

　従業員の自律的なキャリア形成を支援することが重要です。企業は、リスキルや学び直しの機会を提供し、従業員が主体的に能力開発に取り組める環境を整備します。これにより、従業員は変化に適応し、新たな領域で活躍できるようになります。

●要素4：従業員エンゲージメント

　従業員エンゲージメントとは、従業員が企業の目標を理解・共感し、自発的に貢献する意欲をもつことを示します。高いエンゲージメントをもつ従業員は、自発的に高いパフォーマンスを発揮し、イノベーションの原動力にもなります。企業は従業員の声に耳を傾け、働きがいのある環境づくりに努めることが求められます。

●要素5：時間や場所にとらわれない働き方

　業務特性に合わせて、リモートワークやフレックスタイム制など、従業員が自身の生活スタイルやライフステージに合わせて、もっとも生産性の高い働き方を見つけられるようにします。これにより、多様な人材の活用にもつながり、エンゲージメントにも寄与します。企業は、従業員の自律性を尊重しつつ、評価する仕組みの再構築が必要になります。

　「人材版伊藤レポート」では、こうした3つの視点と5つの要素を意識しながら、具体的な戦略・アクション・KPI（重要業績評価指標）を練ることが企業にとって重要であると説明しています。

▶ 人的資本経営で求められる考え方の転換

　人的資本経営においては、前述の3P・5Fモデルを実現するためにも、考え方の転換が求められます。すなわち、JTC（Japanese Traditional Company）といわれる旧態依然とした日本型経営からの脱却です。

　これは私の主観になりますが、従来の日本型経営が、現在の社会環境において特に悪影響をおよぼしている部分は、**「人材の囲い込み」「意思決定の曖昧さ」「変化への抵抗感」**だと思っています。

　「人材版伊藤レポート」では、

"変化が激しい時代には、これまでの成功体験にとらわれることなく、企業も個人も変化に柔軟に対応し、想定外のショックへの強靭性（レジリエンス）を高めていく変革力が求められる"

と述べられており、これまでの考え方とこれからの考え方の違いを図表1-3-2のようにまとめています。

　人的資本経営という概念により、人材に対する考え方が、企業の存続に関連する形で定式化されたことで、構造変革が進むことを期待しています。

図表 1-3-2 変革の方向性

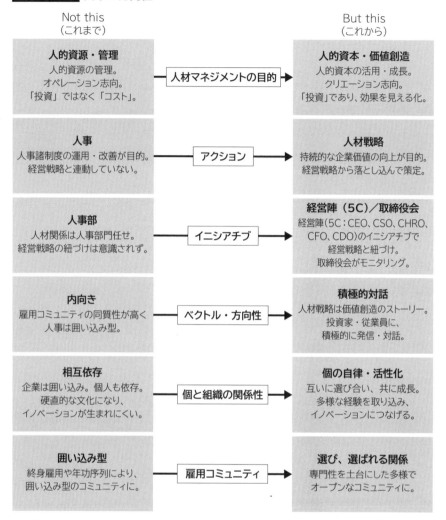

出典：「人材版伊藤レポート」（経済産業省）を参考に著者が整理
https://www.meti.go.jp/shingikai/economy/kigyo_kachi_kojo/pdf/20200930_1.pdf

4 人材は「コスト」か「資本」か

　人的資本経営の核となる考え方は、人材を「人的資源（コスト）」ではなく、**投資すべき価値ある「人的資本」**として扱うことです。

　人的資本経営の肝は「経営戦略と人材戦略の連動」です。人的資本経営の下では、企業は従業員の能力開発やキャリアアップを支援し、働きがいのある環境を提供することにより、従業員の貢献意欲と組織のパフォーマンス向上を同時に追求します。それは、従業員のモチベーションと生産性の向上に直結し、長期的な経営戦略の成功に寄与します。

　すなわち、「人的資源」が従業員を組織資源としての管理と配置に重点を置くのに対し、「人的資本」は**従業員の能力とそれがもたらす非財務的価値に焦点を当て、それらを育成し活用することに重きを置いている**のです。

図表 1-4-1 人的資源と人的資本の違い

人的資源 （コスト）	人的資本 （投資）
従業員を組織の「資源」として捉える	人的資本は、従業員の知識、スキル、経験などの個人的資質を「資本」として捉える
● 人件費を**コスト**と捉え、財務的価値に主眼を置く。 ● 人的資源の管理（HRM）は、従業員の採用、研修、評価、報酬、福利厚生などを通じて、従業員を最適に配置し、組織の効率を最大化することに重点がある。 ● 従業員は組織の戦略的な目標を達成するための**手段**として見られる。	● 人件費を**投資**として捉え、非財務的な価値に主眼を置く。 ● 個人的資質を経済的な価値をもつ投資対象とみなし、従業員の能力開発に投資し、科学的に管理することで、長期的な企業価値の向上を目指す。 ● 従業員は単なる資源ではなく、企業の成長とイノベーションに必要な重要な**資本**として認識する。

▶ 企業と従業員の関係性が変わる

　資源か資本かなんて、言葉遊びのように聞こえて理解しにくいかもしれません。私も最初はピンときませんでしたが、企業と従業員の関係性に注目した具体例で考えてみると納得できました。

● 退職時の声かけ

従業員を資源として捉えている組織（囲い込み型のコミュニティ）
《二度と顔を見たくない恩知らずな裏切り者》
「辞める理由なんてどうでもいい！
　それより、何年かけておまえを育てたと思っているんだ。
　今、辞めるなんて勝手すぎる」

従業員を資本として捉えている組織（多様でオープンなコミュニティ）
《将来にわたって関係をもち続けたい価値ある人材》
「辞める理由は理解できたよ。今まで当社で働いてくれてありがとう。
　これからもよい関係が保てるとありがたいね」

　もうひとつ例を挙げましょう。

● 男性従業員が育児休業を取りたいと言ってきたときの声かけ

従業員を資源として捉えている組織（囲い込み型のコミュニティ）
《頭数を欠く行為をする迷惑な存在》
「グループのみんなのことを考えているのか！
　おまえが休むと周りにどれだけ迷惑がかかると思っているんだ。
　チームで仕事をしているんだ、勝手なワガママは許さない」

従業員を資本として捉えている組織（多様でオープンなコミュニティ）
《将来的に経済的価値をもたらしてくれる価値のある人材》
「わかりました。きちんと奥さん※をサポートしてあげてね。
　正直、あなたが抜けるとキツいけど、メンバーでサポートし合っていくか

ら、後のことは心配しないで。
　育児は育児でむしろ仕事より大変なことも多いから。復帰したら、また一緒に仕事しよう！」

　このように、資源か資本かの一番大きな違いは、企業と従業員の関係性です。資源と捉えている企業は、従業員を囲い込み、あくまで駒として考えているので、普段は従業員を大切にしているといっても、職場から抜ける行為に対して、怒りが生まれる傾向にあります。
　一方、資本として捉えている企業は、従業員の考えを重視し、本人の置かれた環境もきちんと受容し、**選び選ばれる関係であることや、将来にわたる関係性**を大切にします。
　そして従業員一人ひとりにも、「どうせ会社がやってくれる」という依存的な考え方を捨てるよう、企業は求める必要があります。また、そういう従業

図表1-4-2 組織のありたい姿と個人のありたい姿の重なりを増やす

※現在ではジェンダーの多様性が進み、このような表現は必ずしも適切ではありませんが、現状の職場内会話の実態を踏まえた表現としました。

員を育成するような人材戦略が必要になるともいえます。

すなわち、「人的資本」のほうが、組織（企業）と個人（従業員）の関係がより対等に近いといえます。これは、図表1-4-2のように表現するとわかりやすいでしょう。

企業が実現したいこと（組織のありたい姿）と、従業員一人ひとりが実現したいこと（個人のありたい姿）が重なり合う部分を重視し、この重なり合う部分を話し合いながら拡大していくことで、企業と従業員の間に信頼感が生まれ、従業員の貢献意欲と組織のパフォーマンス向上が実現できます。

まさに、**この重なりを増やしていくことこそが、エンゲージメントを高めることそのもの**なのです。具体的には2章で解説します。

● 決して「企業側が従業員を慮る」という考え方ではない ●

人的資本経営というと、「企業側が従業員を慮り、従業員が働きやすい環境を整える活動」だと矮小化して捉えられることもありますが、そうではありません。企業と従業員それぞれの価値観を理解し合い、企業への貢献価値を最大化できるように寄与していくことで、Win-Winの関係を築くことを求めていくものです。

雇用の観点から見ると、「この会社にいれば安泰」という意識で従業員に存在してほしいわけではなく、「この会社の考え方、理念に共感できるから自分はこの会社で努力する」という意識を引き出したいのです。

人的資本経営をきちんと実現できれば、極めて活気にあふれた素晴らしい組織になることは明らかなのですが、なかなか難しい舵取りが求められることも確かでしょう。

人的資本情報は開示が必要

　ここまで、人的資本経営について、「人材版伊藤レポート」の内容を踏まえて説明してきました。

　しかし、実は人材版ではない「伊藤レポート」というのがあります。「伊藤レポート（Ito Review）」は、2014年8月に公表された伊藤邦雄一橋大学教

図表 1-5-1 人的資本経営に関わる公的資料の全体像

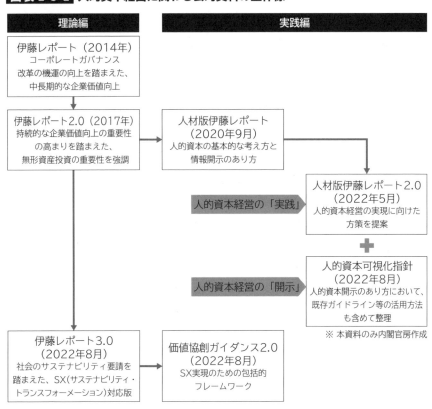

出典：「伊藤レポート 3.0（SX 版伊藤レポート）」（経済産業省）を参考に著者が整理
https://www.meti.go.jp/press/2022/08/20220831004/20220831004-a.pdf

授（当時）を座長とした、経済産業省の「『持続的成長への競争力とインセンティブ〜企業と投資家の望ましい関係構築〜』プロジェクト」の最終報告書の通称です。

2014年〜2022年にかけて3.0まで発行された「伊藤レポート」は理論編です。「人材版伊藤レポート」は実践編にあたります。

同じく実践編として、内閣府の非財務情報可視化研究会が2022年8月に発表した「人的資本可視化指針」というものがあります。

これは、人的資本の開示のあり方に焦点を当てた手引き書になり、人的資本経営のアウトプットのひとつとして、2023年3月期から有価証券報告書での開示が義務化されています。

開示が義務化された記載項目は、ダイバーシティに関する「**女性管理職比率**」「**男女間賃金格差**」「**男性育休取得率**」の3つの指標と、**人的資本に関する「戦略」**（人材育成の方針、社内環境整備の方針）です。

なお、人材育成を含む人的資本に関する「戦略」に関連した指標や数値の開示については、任意とされました。

しかし、「人的資本可視化指針」においては、「人材育成方針について、目指すべき姿（目標）やモニタリングすべき指標を検討し、取締役・経営層レベルで密な議論をおこなった上で、明瞭かつロジカルに説明すること」とあり、ステークホルダーに対する明確な説明が期待されています。

2023年3月期においては、多くの企業において最小限の開示にとどまった印象ですが、今後はエンゲージメント調査の結果など幅広く開示が進んでいくことになると思います。早い段階でエンゲージメント調査に取り組むことにより、自社の改善状況や改善への取り組みを開示でき、「問題があったとしてもきちんと対策できる企業」としての信頼を得られるでしょう。

人的資本開示についてのもう少し踏み込んだ解説は、好事例も含めて10章で取り上げます。

6 「人的資本」の項目と「人的資本経営」の見える化

　人的資本の項目を考えるとき、前項で紹介した人的資本可視化指針に書かれている、7分野19項目が参考になります。本書では、可視化指針の19項目それぞれに対応する定量指標の例を提示した上で、「エンゲージメント」が企業価値向上の観点から最重要と判断し、「エンゲージメント」分野を1行目に移すことで、図表1-6-1にまとめました。

　これは、エンゲージメント以外の18項目の定性情報（定量指標では測りきれない、雰囲気、予兆などの実態情報）が「エンゲージメント」の要素となり、エンゲージメント全体に確実に影響を与えると考えたからです。

　たとえば、「コンプライアンス・倫理」の定量指標として、「ハラスメント発生件数」を挙げましたが、ハラスメントを生む風土や予兆といった定性情報を単純に定量化することは困難です。このような**定性情報は、エンゲージメント調査を通じて一定程度定量化し、自由記述を交えながら、より具体化できることも多い**のです。

　当然ながら、この7分野19項目は、開示を前提とした「例」であって、項目は企業によって異なります。各社の事業内容や戦略、組織文化などに応じて、重視すべき人的資本の要素が変わってくるからです。

　よって、自社の人的資本項目とその定量指標・定性情報（数値には現われない側面）を考えておくことは、自社理解の意味でも大切な作業です。まずは図表1-6-1を参考に書き出してみることをおすすめします。

▶「人的資本のBS/PL」を改善する意識で取り組む

　せっかく人的「資本」という表現が使われているので、これまでの議論を踏まえて、ある企業の人的資本の状態を、財務諸表でいうバランスシート（BS）と損益計算書（PL）になぞらえて、「見える化」したいと思います。

図表 1-6-1 人的資本の一般的な項目の例

分野	項目	定量指標例	定性情報	人的資本に対する各項目のスタンス
エンゲージメント	エンゲージメント	エンゲージメントスコア	各分野・項目の定性情報は、エンゲージメントの構成要素になり得る	企業価値向上 ／ リスクマネジメント
育成	リーダーシップ	次世代リーダー研修の受講者数		
育成	育成	従業員一人あたりの人材育成費		
育成	スキル・経験	研修受講者割合（実受講者／対象者）		
流動性	採用	新規採用数		
流動性	維持	離職率		
流動性	サクセッション	後継者準備率（候補数／ポジション数）		
ダイバーシティ	ダイバーシティ	女性管理職比率		
ダイバーシティ	非差別	差別に関する内部通報件数		
ダイバーシティ	育児休業	男性育児休業取得率		
健康・安全	精神的健康	精神疾患による休業者数		
健康・安全	身体的健康	身体疾患による休業者数		
健康・安全	安全	労災発生件数		
労働慣行	労働慣行	有給休暇取得率		
労働慣行	児童労働・強制労働	児童労働・強制労働に関する内部通報件数		
労働慣行	賃金の公平性	男女、正規・非正規間の賃金格差率		
労働慣行	福利厚生	従業員一人あたりで割った福利厚生費		
労働慣行	組合との関係	労使間のコミュニケーション頻度		
コンプライアンス・倫理	コンプライアンス・倫理	ハラスメント発生件数		

出典：「人的資本可視化指針」（内閣官房）を参考に著者が整理
https://www.cas.go.jp/jp/houdou/pdf/20220830shiryou1.pdf

仮に、Z社の人的資本の項目を、エンゲージメントを除く18項目の定量的な指標と、18項目の定性情報を考慮に入れたエンゲージメントスコアを加えた全19項目があるとしましょう。

　経営戦略・人材戦略から考えて、これらの19項目それぞれの基準値をあらかじめ定義します。基準値は、その経営戦略を達成するためのボーダーとなる数値とします。

　BSでは、基準値より良好であれば資本、不振であれば負債と考えます。PLでは、収益の部と費用の部が独立したものになりますが、1年間の変化を見せることにします。

　実際の財務諸表とは異なり、各項目の数値単位が異なりますから、イメージ図の域を出ません。ですが、BSであれば、資産の部にある項目は、「自分たちは充分と考えている」、負債の部にある項目は、「自分たちは不充分と考えている」、PLであれば、「収益の部にあれば今年は改善した、費用の部にあれば今年は悪化した」という見せ方を示せるので、見える化のひとつの方法としておすすめします。

図表 1-6-2 人的資本の BS/PL の例

BS		PL
資産（基準値より、良い項目）	負債（基準値より、悪い項目）	収益（1年間で改善した項目）
・女性管理職比率（基準値より5%高） ・離職率（基準値より2%低） ・男女賃金格差率（基準値より5%低） ……	・男性育児休業取得率（基準値より10%低） …… **資本（人的資本の質）** 本領域が大きい＝質が高い 資本の部が充分に大きい＝資産項目が負債項目より充分に多い 資本の部が小さい＝資産項目が負債項目より少ない	・研修受講者割合（5%改善） …… 費用（1年間で悪化した項目） ・正規・非正規の賃金格差率（5%悪化） ……

1章のまとめ

➡ 人的資本経営とは、人材を「資本」として捉え、その価値を最大限に引き出すことで、中長期的な企業価値向上につなげる経営のあり方である。

➡ 人的資本経営が求められる背景には、多様な人材の確保と活用、技術革新にともなう高度なスキルをもつ人材の必要性、ESG投資の活発化などがある。

➡ 人的資本経営の具体的なフレームワークとして「3P・5Fモデル」があり、経営戦略と人材戦略の連動、現状と目指す姿のギャップの定量把握、企業文化への定着などの視点と、「動的な人材ポートフォリオ」「知・経験のダイバーシティ＆インクルージョン」「リスキル・学び直し」「従業員エンゲージメント」「時間や場所にとらわれない働き方」という5つの要素が含まれる。

➡ 人的資本経営では、人材を「人的資源（コスト）」ではなく、投資すべき価値ある『人的資本』として扱うことが核となる考え方であり、企業と従業員の関係性をより対等なものへと変化させる。

➡ 人的資本情報は、2023年3月期から有価証券報告書での開示が義務化され、今後はエンゲージメント調査の結果など幅広く開示が進んでいくことが期待されている。

Column 自社の人的資本経営 実践度チェック

　エンゲージメントの話題に移る前に、簡単にあなたが属する会社の人的資本経営の実践度をチェックしてみましょう。

　人的資本経営の要素を10問程度に圧縮し、答えやすいよう、人的資本経営の施策をできるだけ読者の身近な話題に置き換えました。

Q01. あなたは、自己成長やスキル向上の機会を充分に活かしている。
Q02. あなたは、会社のビジョンや目標に共感した上で、その実現に貢献している。
Q03. あなたの上司は、メンバーの意見を意思決定に反映していると思う。
Q04. あなたの上司は、困難な状況や課題に適切に対応していると思う。
Q05. あなたの上司は、プロジェクトやタスクの優先順位を明確にし、リソースを適切に配分していると思う。
Q06. あなたの職場では、仕事とプライベートのバランスを取ることが奨励されていると思う。
Q07. あなたの職場では、業務上のコミュニケーションが円滑だと思う。
Q08. あなたの会社では、従業員の成果や貢献が適切に評価される制度が運用されていると思う。
Q09. あなたの会社では、ダイバーシティ・エクイティ＆インクルージョンの取り組み（例：女性従業員の管理職登用、シニア人材の雇用促進、障害者雇用の促進など）が推進され、かつ、それが効果的に機能していると思う。
Q10. あなたの会社は、従業員の意見やフィードバックを取り入れていると思う。

回答選択肢：非常に当てはまる（5点）、当てはまる（4点）、どちらともいえない（3点）、当てはまらない（2点）、まったく当てはまらない（1点）
Q01〜Q10の得点を合計（50点満点）した上で、以下をご確認ください。

■レベル1（初期段階）：10〜20点
　実践度は初期段階にあります。会社として取り組んでいるとしたら、現段階ではその方針・施策がまったく浸透していないといえるでしょう。

■レベル2（発展途上）：21〜30点
　実践度は充分とはいえません。会社として取り組んでいるとしたら、その方針・施策があまり浸透していない可能性が高いです。仮にQ08〜10が高得点なのに、Q01〜Q07が低得点の場合は、あなたの職場だけが実践度が低い可能性があります。

■レベル3（順調）：31〜35点
　実践度は従業員に伝わりつつあるようです。施策や社内の具体的な好事例を展開していくことにより、より一層実践度が高まっていく可能性があります。

■レベル4（高度）：36〜45点
　実践度はある程度高い状態にあり、従業員の生産性もある程度高い状態にあるでしょう。Q03からQ07の項目の得点が他と比較して低めの場合は、上司を含めた身近な改善の取り組みでさらによくなる可能性があります。

■レベル5（卓越）：46〜50点
　実践度はかなり高い状態にあります。会社の考えは従業員のフィードバックをもとに常にブラッシュアップされ、従業員も会社への貢献意識が極めて高い状態にあると考えられます。

　いかがでしたか。もしかすると、「うちの会社、人的資本経営を実践していないのに、高得点が出た」という読者もいらっしゃるかもしれません。その場合、すでに人的資本経営が実践できている会社といえるでしょう。必ずしも声高に人的資本経営を謳っていなくても、自然と実践できている会社もたくさんありますので、決しておかしいことではありません。

2章

これからの企業経営の指標となる「エンゲージメント」の知識

● ○ ◆ ◇ ⬢

　エンゲージメントは、人的資本経営の実践度を計測する上で欠かせない要素です。エンゲージメントとは、「従業員が企業の目標を理解・共感し、自発的に貢献する意欲をもつこと」を指します。

　エンゲージメント調査は、従業員のエンゲージメント状態を把握し、人的資本経営の効果を測定するために重要な役割を果たします。

　本章では、エンゲージメントの概念について解説するとともに、エンゲージメント調査の重要性について説明します。また、エンゲージメントの要素は企業によって異なることも解説します。

1 エンゲージメントとは

　人的資本経営の充実を図るための要素のひとつとして、エンゲージメントが挙げられていたとおり、エンゲージメントはこれからの企業経営において極めて重要な指標といえます。
　一方で、エンゲージメントの要素はすべての企業において必ずしも同じである必要はなく、その独自性についても本章では説明していきます。
　まず、本書における「エンゲージメント」を定義します。

「企業が目指す姿や方向性を、従業員が理解・共感し、その達成に向けて自発的に貢献しようという意識をもっていること」※

　厳密にいうと、このエンゲージメントの定義は、「従業員エンゲージメント」の定義です。エンゲージメントにはもう一種類、「ワークエンゲージメント」というものもあります。
　従業員エンゲージメントは、「従業員と組織の関係性」に着目したエンゲージメントであり、ワークエンゲージメントは、「従業員とその従業員が取り組む仕事の関係性」に着目したエンゲージメントです。一見似ていますが、たとえばワークエンゲージメントは高いが、従業員エンゲージメントは低いという状況もあり得ます。具体的には、「この仕事は好きだけれども、会社のことは嫌い」というような場合です。
　本書のエンゲージメントの定義は、従業員エンゲージメントそのものではありますが、人的資本経営の性質を踏まえると、ワークエンゲージメントを包含して捉えても違和感がないものと考えています。まさに図表2-1-1の右上の状態にあることが、「エンゲージメントが高い状態」と考えています。よっ

※本書では、「人材版伊藤レポート」でも採用されている、従業員エンゲージメントの世界で著名なコンサルティング会社、WTW（ウイリス・タワーズワトソン）の定義を採用。

図表 2-1-1 従業員エンゲージメントとワークエンゲージメント

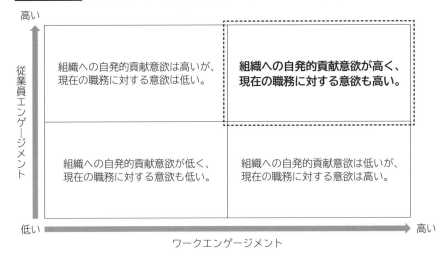

て、これ以降、特に断りがなければ、**従業員エンゲージメントをエンゲージメント**と記載します。

▶「エンゲージメント」と混同されやすい言葉

　エンゲージメントという言葉が使われはじめたのはここ最近のことです。いろいろな記事や発言を見ていると、エンゲージメントという言葉は、今までの日本の組織開発・人事の世界で、従業員の意識改革、職場改革で使われてきた言葉と併用されることが多く、そういった言葉との整理をしてから読み進めたほうが理解しやすいと考えています。

　ここでは次の10の言葉を挙げたいと思います。それぞれの言葉の意味を、エンゲージメントと対比する形で簡単に説明します（図表2-1-2参照）。

●従業員満足度・eNPS

　従業員がどれだけ職場環境や企業の方針、自身の業務、給与や待遇などに満足しているかを示します。エンゲージメントを高めるための重要な要素のひとつといえます。まれに、従業員満足＝エンゲージメントとしている論調

も見かけますが、あくまで要素であって、同義ではありません。

　eNPSも同様です。eNPSは、従業員が自社を他者に推奨する度合いを測る指標です。自社の満足度が高ければeNPSも上がる傾向にあり、従業員満足度と同様、エンゲージメントの重要な構成要素のひとつといえます。

●モチベーション・内発的動機・外発的動機

　モチベーションは人が行動を起こすための動力源ですが、主として「内発的動機」と「外発的動機」に分類されます。内発的動機は、業務を通じたやりがいや好奇心から得られる動機づけであり、外発的動機は、報酬・昇格・表彰制度などから得られる動機づけとなります。

　内発的動機と外発的動機はどちらがいいというわけではなく、バランスよく高められることがよいとされます。エンゲージメントが高まる過程では、当然、各従業員のモチベーションも高まっていると考えられます。

●ロイヤルティ・帰属意識・愛社精神

　ロイヤルティは、いわゆる組織に対する忠誠心を示します。広義には、帰属意識、愛社精神とも近い意味合いになります。組織がこれらを直接的に求めることは、組織と従業員の間に強い主従関係があることを示唆します。この場合は、エンゲージメントとはだいぶ異なるトーンになります。ですが、エンゲージメントを高めた結果、ひとつの状態として、自発的に従業員のロイヤルティ・帰属意識・愛社精神が高まっていくという形であれば、まったく違和感がないでしょう。

●心理的安全性

　心理的安全性が高い職場は、従業員が自身の意見や気持ちを安心して伝えられる状態にあるといえます。たとえば、異質な視点からものを語ったり、新しい挑戦を試みたりしても、批判されたり否定されたりすることがない環境です。

　一般に、心理的安全性が高い職場ではエンゲージメントを高く保てると考えがちですが、他の要因（職務の適合性やキャリアの成長機会の欠如など）

がエンゲージメントに悪影響を与える場合があります。したがって、心理的安全性はエンゲージメントを高める一因ではありますが、継続的なエンゲージメント向上のためには、もちろん他の要素も重要です。

●働き方改革

従業員の生産性を向上させ、仕事と私生活のバランスを改善するために、労働時間、働き方、職場の環境などを見直し、改善する一連の施策や取り組みを指します。2019年4月から順次施行されている働き方改革関連法に基づいた取り組みも多く、企業として整えるべきフレームのひとつです。適切な働き方改革がなされれば、ワークライフバランスが促進されるため、従業員のエンゲージメントが高まるための土台づくりといえます。

これらの言葉とエンゲージメントの関係を表わすと、図表2-1-3のようになります。「ロイヤルティ・帰属意識・愛社精神」は、エンゲージメントに対する結果でありたいものですが、それ以外は、エンゲージメントの要素と捉え

図表 2-1-2 エンゲージメントと近い概念で使われる主な言葉

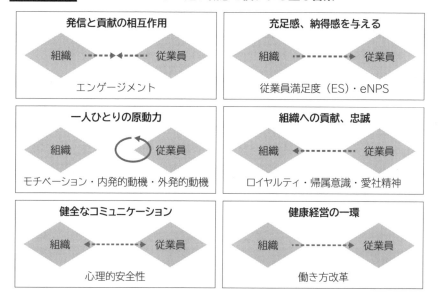

図表 2-1-3 エンゲージメントを軸とした言葉の整理

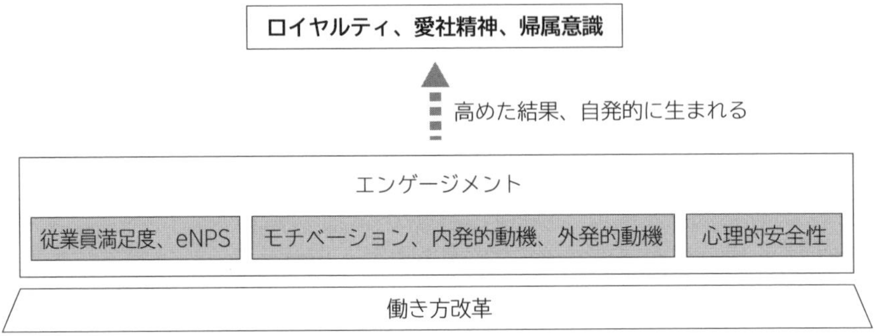

```
           ロイヤルティ、愛社精神、帰属意識
                    ▲
                    ┊ 高めた結果、自発的に生まれる
┌─────────────────────────────────────────┐
│              エンゲージメント                │
│ ┌──────────┐ ┌──────────────┐ ┌────────┐ │
│ │従業員満足度、│ │モチベーション、│ │心理的  │ │
│ │   eNPS   │ │内発的動機、外発的動機│ │安全性 │ │
│ └──────────┘ └──────────────┘ └────────┘ │
└─────────────────────────────────────────┘
              働き方改革
```

るとわかりやすいと考えています。

もちろん、エンゲージメントを高めた結果生まれるものは、他にも多々ありますが、あくまで今回列挙した言葉の整理のための図と理解してください。

▶「エンゲージメント」を高めることで生まれる変化

では、エンゲージメントが高まると、具体的にどのような変化が生まれるでしょうか。代表的な例として3点挙げます。

●人材定着率の向上

エンゲージメントが高まることで、組織の中での貢献意欲が高まるため、組織を離れる理由がなくなります。よって、人材の定着率が高まります。仮に組織を離れる人材がいたとしても、前向きな転職や起業であることが多く、退職した後も良好な関係を築けるため、取引先になることもあります。

最近は「アルムナイ制度」といわれる、退職後もコンタクトを取り続ける形を仕組みとして設けることで、再雇用につなげるケースも増えています。

●人が育つ組織風土の醸成

エンゲージメントが高い組織は、一般に心理的安全性が高い職場が多いため、従業員一人ひとりが多くの発言や傾聴から気づきを得ることが多くなります。また、会社が設定した成長の機会（社内外研修や横断型コミュニティ

など）をふんだんに活用し、それを充分に活かせる文化が醸成されます。

●企業業績・価値の向上

　離職率が低減し、働きやすさの評判が高まり、採用コストも減り、また、人材一人あたりの生産性向上や活発なアイデアの創発が期待できるため、自ずと企業業績と価値の向上が図られることになります。

▶ 企業規模に関係なく考える必要がある

　エンゲージメントは、企業規模に関係なく、あらゆる組織にとって重要な概念です。大企業だけでなく、中小企業やベンチャー企業においても、エンゲージメントを高めることは、組織の持続的な成長に寄与します。

　大企業では、今までお伝えしてきたとおり、エンゲージメントの高い従業員を育成することで、イノベーションや生産性の向上、離職率の低下など、様々な効果が期待できます。

　一方、中小企業やベンチャー企業においても同様の結果を期待できます。むしろ限られた人員で事業を運営するため、エンゲージメントを高め、一人ひとりの能力を最大限に引き出すことは、大企業以上に競争力の源泉になるともいえます。また組織階層が少なく、経営陣と従業員の距離が近いため、エンゲージメントを高める施策を実行しやすいという利点もあります。

　人的資本経営やエンゲージメントのような大きな概念になると、中小企業にとっては踏み出しにくいと考える経営者も多いのですが、施策としてはシンプルなものでいいのです。

　2022年5月18日の日本経済新聞の記事「中村留精密工業社長『世界の工場の負担を削る』」[※]で紹介されている"経営会議に従業員がオンラインで参加できるようにする"など、**これまでの常識から一歩外れて踏み出すと、エンゲージメント向上につながるような施策はたくさんある**ものです。

※「中村留精密工業社長『世界の工場の負担を削る』」（日本経済新聞）
　https://www.nikkei.com/article/DGXZQOCC090CE0Z00C22A5000000/

2 エンゲージメントと企業業績の関係

　エンゲージメントを高めることは、企業業績に好影響があるのでしょうか。その論点を考える前に、そもそもエンゲージメントを高めることが組織にとってよいことなのかどうかを考えてみましょう。実際、ここまでの話について理想論に感じた人もいるかもしれません。たとえば、エンゲージメントが高い組織の話をすると、こんな声を耳にすることがあります。

　Aさん「いや、きれいごとでしょう。そうはうまくいかないよ。
　　　　エンゲージメントが低くても辞めないで真面目に働いてくれればいいよ」
　Bさん「そりゃ、理想だけどさ。そんな会社だと、常にしっかり発言ができる意識高い系の従業員以外、居心地悪くない？」
　Cさん「やり方を間違えると、ぬるま湯にならない？　やっぱり甘やかし感があるんだよなぁ」

　この3名のように感じるのも理解できます。ただ、AさんとBさんの意見は、論点を見誤っているように感じます。
　日本企業は、エンゲージメントが低い企業が多いといわれている一方、アメリカ・イギリス・ドイツ・韓国と比べて、転職経験率が低いというデータがあります。つまり、不満があっても転職せず、仕事は仕事としてきちんと働くという従業員が多いことがわかります。しかし、若い世代では転職率が上がってきていることから、このような過去の価値観にとらわれ、企業としての魅力改善に努めることを怠ると、手遅れになる可能性もあります。
　また、エンゲージメントが高い組織では、たしかに活発なコミュニケーションが起きていることが多いものです。だからといって、大人しい従業員の居心地が悪いとは限りません。エンゲージメントが高い組織は、従業員が

独善的ではなく、協働することを大切にします。よって、大人しい従業員の意見にもきちんと耳を傾ける、心理的安全性を意識した職場であることが多いのです。

▶ エンゲージメントを高めると、「ぬるま湯組織」になるのか

Cさんの意見の「ぬるま湯」という指摘はかなり重要なポイントです。エンゲージメントの高め方を誤ると、ぬるま湯組織になることは確かです。

まず、エンゲージメントが高い組織とぬるま湯組織の違いを見てみます。図表2-2-1にまとめたように、従業員が能動的な姿勢なのか、受動的な姿勢なのかが一番大きな違いです。

エンゲージメントを高める最終ゴールは、成果につなげることであり、職場単位でいえば、働きやすい環境を活かし、従業員が自律的に考え、職場で多様な視点から意見を述べ合い、成果につなげていくことです。

エンゲージメントを高める施策を推進した結果、ぬるま湯組織にならないようにするためには、働きやすい環境を整えると同時に従業員の主体性や自律性を引き出す制度や仕組み、マネジメントの変革を進めていくことが大切です。

図表2-2-1　エンゲージメントが高い組織とぬるま湯組織の比較

項目	エンゲージメントが高い組織の特徴	ぬるま湯組織の特徴
意見	率直に意見が言える	意見を言うことがはばかられる
挑戦	失敗を恐れずチャレンジできる	失敗を恐れて現状維持に偏る
協力	メンバー同士が協力し合う	メンバー同士の協力が乏しい
成長	個人の成長を後押しする	個人の成長よりも組織の慣習を優先する
行動	組織の目標に向けて自発的に行動する	上からの指示に受動的にしたがう
定着	優秀な人材が長期的に定着する	優秀な人材が流出している
育成	人材育成施策が主体的に活用されている	人材育成施策が形骸化している

そのためには、**エンゲージメントを高める施策を推進する際に、管理職や職場の実態など、現状をできるだけ正確に把握**した上で、組織文化との整合性を図り、トップから現場まで一貫したメッセージを発信し続けることが肝要です。そうした土台があって初めて、施策の推進が実を結び、ぬるま湯組織に陥ることなく、エンゲージメントが高い組織に向かうようになります。

▶「エンゲージメント」と「業績指標」との関係

　エンゲージメントと業績指標の関係は、『組織の未来はエンゲージメントで決まる』（新居佳英・松林博文著、英治出版）で取り上げられている事例が大変わかりやすいので、2つ紹介します。
　1つ目は、図表2-2-2で示す「エンゲージメントと業績指標の関係」です。エンゲージメントの高さ上位25％のチームと下位25％のチームで、いくつかの業績指標において、どのような違いがあるかをまとめています。たとえば、上位チームは下位チームよりも収益性が22％も高く、品質の欠陥は41％も低いことがわかります。
　2つ目は、離職率の関係について、アメリカの経営・人事管理コンサルティング会社CEB社のデータを引用する形で紹介しています（図表2-2-3）。
　エンゲージメントの特に強い従業員の1年以内離職可能性が1.2％なのに対し、弱い従業員の離職可能性は9.2％にもなります。
　両方とも国際的なデータですので、必ずしも日本企業に合致するとは限りませんが、傾向としては違和感がありません。
　私のコンサルティング事例の中でも、このような話があります。
　ある企業で従業員意識調査を毎年実施していたときのことです。その企業の全国にある支社において興味深い現象が起きました。ある部門長がA支社からB支社に異動すると、B支社の意識調査の得点が低下しました。すると、後を追う形で支社業績も低下していったのです。
　本人にこの事実を伝え、データに基づいて話し合うことにしました。最初は、受け入れがたい様子でしたが、部門長としての思いや方針も伺いながら、部下に方針が伝わらない原因なども一緒に考えていったところ、最終的

図表 2-2-2 エンゲージメントと業績指標の関係

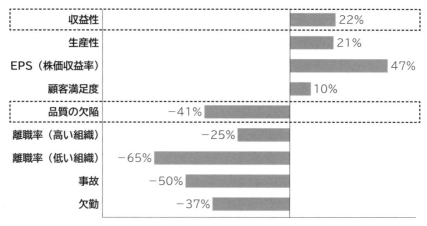

出典：『組織の未来はエンゲージメントで決まる』（新居佳英・松林博文著、英治出版）

図表 2-2-3 エンゲージメントと離職率の関係

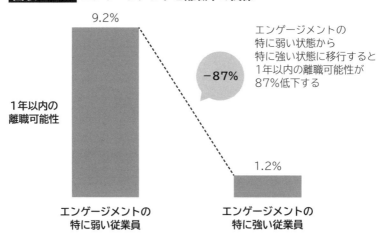

出典：『組織の未来はエンゲージメントで決まる』（新居佳英・松林博文著、英治出版）

には腑に落ちたようでした。

　C支社に異動した後、彼の部下の方と話す機会があり状況を聞いてみたところ、人が変わったように部下に丁寧に声をかけるようになっていました。C支社は業績が落ちることなく、部門長も毎年の意識調査の結果を意識しながら、マネジメントするようになったそうです。

　これは10年くらい前の話ですから、エンゲージメントという概念で従業員意識調査の設問を構成したわけではありませんが、エンゲージメント調査とほぼ相違ない設問が設定されていました。そのため、エンゲージメントの状態が、業績に影響を与える具体的な事例のひとつとして捉えています。

▶「働きがい」と「仕事のパフォーマンス」の関係

　ここで、「働きがい」という視点から、業績への影響を見てみます。

　そもそもエンゲージメントと働きがいは、密接に関連した用語です。エンゲージメントの高い従業員は企業の目標を自分ごととして捉え、主体的に行動します。この積極的な姿勢は、仕事に対する充実感ややりがいにつながり、働きがいを高めます。つまり、エンゲージメントが高まることで、従業員は仕事により大きな意義を見いだし、働きがいを感じるようになるのです。

　厚生労働省が発表した「令和元年版 労働経済の分析」[※]では、「働きがい」と「個人や企業の労働生産性」の相関関係が明らかになっています。働きがいを感じることで、従業員の主体性が高まり、仕事のパフォーマンスも向上するのです。

　感覚的にはわかることですが、統計的にも正の相関関係があることが示されており、働きがい実感の重要性がわかります。

※「令和元年版 労働経済の分析〔概要〕」(厚生労働省)
　https://www.mhlw.go.jp/wp/hakusyo/roudou/19/dl/19-2b.pdf

エンゲージメントの「国際比較」「他社比較」は意味があるのか

　日本のエンゲージメントは他国と比べてどうなのか、自社のエンゲージメントは他社と比べてどうなのか、果たして比較する意味はあるのでしょうか。それぞれについてその意味について考えたいと思います。

▶ 国際比較──日本のエンゲージメントは低い？

　日本人のエンゲージメントスコアについて、THE ADECO GROUPのウェブメディア、Power of Workの2017年の記事「日本はなぜ従業員エンゲージメントが低いのか？」※において、ウイリス・タワーズワトソンの取締役、岡田恵子氏へのインタビュー内容が、大変わかりやすく説明してくれています。以下、主な内容をまとめます。

1. 日本のエンゲージメントはグローバルに比べて低い傾向
- 文化の違いを考慮しても、日本のエンゲージメントの低さは問題視されている。
- 日本人は真面目で勤勉だが、仕事に対する姿勢がやや受け身的な傾向がある。

2. 日本とグローバルのエンゲージメントの差
- 会社への自発的な貢献意欲に関する意識調査で、日本とグローバルの平均的な従業員の間には歴然とした差がある。
- ただし、能力が高い、またはエンゲージメントが高い従業員は、グローバル平均と同等かそれ以上のスコアを示している。

※「日本はなぜ従業員エンゲージメントが低いのか？」（THE ADECO GROUP）
　https://www.adeccogroup.jp/power-of-work/029

3. 日本とグローバルにおける、エンゲージメントを左右する要因の違い
- グローバルでは「経営トップのリーダーシップ」が上位だが、日本ではベスト5にも入っていない。
- 日本では「福利厚生の充実」が上位に入っている。

4. 日本企業がエンゲージメント向上のために取り組むべき点
- 経営陣のビジョンや理念を社内で共有し、従業員の自発性や働く意欲につなげる。
- 将来の不安感を取り除き、前向きに仕事に取り組めるようなビジョンを掲げる。

5. 日本企業が人材を活かすための組織運営の改善点
- エンゲージメント向上のために、意思決定や組織運営のあり方を見直す。
- 従業員の自発性や貢献度を適切に評価し、モチベーションを高める工夫が必要。

このように、日本人の気質だけでなく、日本企業の運営にも課題があることを指摘しています。経営側が発信すべきこととして、岡田氏が指摘している内容は、人的資本経営においても重視されているものです。

実際、私が実施したいくつかの企業の従業員意識調査（エンゲージメント調査）においても、職場に日本人・欧米人・アジア人が混在している場合、エンゲージメントスコアに興味深い傾向が見られました。

①欧米人・アジア人のほうが、経営の考え方を積極的に理解しようとする。
②欧米人・アジア人のほうが、職場の仲間のことを積極的に理解しようとしている。
③日本人は、欧米人やアジア人の比率が高まれば高まるほど、自己肯定感に関する項目の得点が低下する傾向にある。

④日本人は、欧米人やアジア人の比率が高まれば高まるほど、コミュニケーションに問題があると考えるようになる。
⑤日本人・欧米人・アジア人で比較したとき、多くの項目において、日本人の得点がもっとも低い状態にある。

また、③～⑤においては、首都圏に近いほど格差は小さく、高学歴集団の職場ほど、この格差は小さい傾向にありました。

私も当初は、調査設問における外国籍従業員向けの翻訳文が正確ではないことや、あまり真剣に答えていないという背景があるのかと考えていましたが、自由記述の確認やヒヤリングを通じて、どうやら根本的なポジティブさや参画意識が異なる場合が多いのではないかと感じるようになりました。

したがって、多国籍の従業員が混在する職場では、**エンゲージメントスコアの違いを単なる数値の問題として捉えるのではなく、その背景にある文化的・社会的要因を理解し、多様性を活かすための施策を講じることが重要**だと考えています。同時に、日本人従業員に対しては、自己表現を奨励し、積極的に意見を述べる機会を提供することも必要です。各国の従業員がもつ強みを活かしながら、お互いの価値観を尊重し合える職場環境を整備することが、エンゲージメントの向上につながるでしょう。

▶ 他社比較──他社より低いと問題？

エンゲージメントスコアを他社と比較することは、**自社の強みや弱みを客観的に把握し、改善点を見いだす**ために意味があります。他社との比較を通じて、自社の現状を相対的に評価し、課題を明確にできます。

ただし、スコアが他社よりも低いからといって、必ずしも悲観する必要はありません。企業特性、業種、文化などによっては、他社よりも低くなる場合もあります。重要なのは、スコアの背景にある要因を深く理解し、自社に適したエンゲージメント向上策を議論することです。

たとえば、創業間もないベンチャー企業と伝統的な大企業では、エンゲージメントスコアに差が出るのは自然なことです。この差は、組織の特性や従

業員の働き方の違いから生じます。

1. **ベンチャー企業：**
   - 従業員は企業の成長に直接関わることができ、高いモチベーションをもちやすい。
   - 個人の貢献が明確で、仕事の影響力を実感しやすい。
   - 一方で、人材の流動性が高く、エンゲージメントの低い従業員はあっさりと退職する傾向にある。

2. **大企業：**
   - 従業員は組織の一部として働くことが多く、個人の貢献が見えにくい場合がある。
   - 安定性や福利厚生が充実している反面、変化のスピードが遅いことがある。
   - 人材の流動性は比較的低く、長期的なキャリア形成が可能だが、挑戦の機会が限られる場合もある。

このような背景を理解した上で、各社の特性に合ったエンゲージメント向上策を検討することが肝要です。

また、他社比較をおこなう場合は、自社の強みを失わないように注意が必要です。他社の取り組みを参考にすることは有益ですが、安易に真似をするのではなく、自社の文化や価値観と照らし合わせて、適切にアレンジすることが大切です。自社の独自性を失ってしまっては、かえって従業員のエンゲージメントを下げてしまう恐れがあります。

エンゲージメントスコアの他社比較は、自社の課題を明確にし、改善のヒントを得るために有効な手段です。ただし、スコアの高低のみにとらわれるのではなく、背景にある要因を分析し、自社の特性を活かした対策を講じることが重要です。他社の事例を参考にしつつも、自社の強みを失わないように留意しながら、エンゲージメント向上に取り組むことが求められます。

エンゲージメントの構成要素と独自性

1章の人的資本経営から、2章のエンゲージメントまでお読みいただいて、「エンゲージメント」は決まった要素で構成されたものと感じた人もいると思います。基本的にはエンゲージメントの構成要素は、図表1-6-1で示したような、人的資本の各項目における定性情報に基づいて決めるのがよいと考えています。

本項では、エンゲージメントの構成要素を考える上で、もうひとつの見方を提示したいと思います。それは、共通構成要素と付加的構成要素に分類する見方です。共通構成要素は、どの組織にも当てはまる基本的な要素で、付加的構成要素は、各組織の特性や目的に応じて追加される要素です。

●共通構成要素

『組織の未来はエンゲージメントで決まる』(新居佳英・松林博文著、英治出版)では、著者の新居氏が代表を務める株式会社アトラエが専門家との議論を踏まえて、エンゲージメントに影響するキードライバーとして、この要素を見いだしたと示しています(図表2-4-1参照)。

大きなフレームワークとしては、非常によくまとまっており、納得感の高いものであり、エンゲージメントの共通構成要素と捉えてよいのではないかと思います。

●付加的構成要素

たとえば、コンプライアンスやハラスメント、透明性とオープンコミュニケーション、権限委譲など、捉え方次第では、共通構成要素には入りにくい項目もあります。ただ、企業によっては極めて重要な要素にもなり得ます。

簡単にするため、エンゲージメントの構成要素を共通構成要素と付加的構

図表 2-4-1　エンゲージメントの共通構成要素例

共通構成要素	説明
職務	職務に対して満足しているか
自己成長	仕事を通して、自分が成長できていると感じているか
健康	従業員が仕事の中で、過度なストレスや疲労を感じていないか
支援	上司や仕事仲間から、職務上又は自己成長の支援を受けているか
人間関係	上司や仕事仲間と良好な関係を築けているか
承認	周りの従業員から認められていると感じているか
理念・戦略	企業の理念・戦略・事業内容に対して納得・共感しているか
組織風土	企業の組織風土が従業員にとって良い状態か
環境	給与、福利厚生、職場環境といった従業員を取り巻く会社環境に満足しているか

出典:『組織の未来はエンゲージメントで決まる』(新居佳英・松林博文著、英治出版)を参考に著者が整理

図表 2-4-2　エンゲージメントの付加的構成要素例

付加的構成要素	説明
コンプライアンス	企業が法令や社会的規範を遵守し、倫理的な行動を取っているか。従業員がコンプライアンスの重要性を理解し、実践できる環境があるか
ハラスメント防止	セクシャルハラスメント、パワーハラスメント、その他のハラスメントを防止するための方針や体制が整っているか。従業員が安心して働ける環境が確保されているか
透明性とオープンコミュニケーション	経営層の意思決定プロセスが透明で、従業員に適切に共有されているか。部署間や上下関係にかかわらず、オープンなコミュニケーションが奨励されているか
自律性と権限委譲	従業員が自分の仕事に対して裁量権をもち、自律的に働けているか。適切な権限委譲がなされ、従業員がその責任を果たせる環境があるか
イノベーションと創造性	新しいアイデアや発想を奨励する風土があるか。従業員が創造性を発揮し、イノベーションに貢献できる機会があるか
ダイバーシティ・エクイティ&インクルージョン	多様な背景をもつ従業員が公平に扱われ、尊重され、活躍できる環境があるか。公正かつ受容的な組織文化が根づいているか
社会的意義と価値創造	自社の製品やサービスが社会に対して価値を提供していると感じられるか。従業員が自分の仕事を通じて社会貢献できていると実感できるか
キャリア開発とジョブローテーション	従業員のキャリア開発を支援する制度や仕組みがあるか。異なる職種や部署を経験できるジョブローテーションの機会があるか
ワークライフバランス	仕事と私生活を調和させ、相乗効果を生み出せる環境があるか。柔軟な働き方や、家庭との両立を支援する制度があるか

成要素に分けて説明しましたが、明確な構成要素のガイドラインがあるわけではありません。企業ごとに自社の事業戦略・人材戦略に合わせて、構成要素を決めていくことが大切です。この構成要素自体が、その企業のアイデンティティであるといってもいいのではないでしょうか。

このエンゲージメントの構成要素は、3章以降で解説していく、エンゲージメント調査の大部分を担います。ですから自社のエンゲージメントの構成要素を充分に議論することは、有効な打ち手が見えるエンゲージメント調査に取り組むためには極めて重要なことといえるのです。

今一度、エンゲージメントの定義「企業が目指す姿や方向性を、従業員が理解・共感し、その達成に向けて自発的に貢献しようという意識をもっていること」を思い出しつつ、「我が社にとってのエンゲージメントの構成要素は何だろう？」と考えながら、次章に移っていただければと思います。

2章のまとめ

➡ エンゲージメントとは、企業が目指す姿や方向性を従業員が理解・共感し、その達成に向けて自発的に貢献しようという意識をもっていることであり、企業規模に関係なく重要な概念である。

➡ エンゲージメントが高まることで、人材定着率の向上、人が育つ組織風土の醸成、企業業績・価値の向上などの変化が生まれる。

➡ エンゲージメントと業績指標の関係において、国際的なデータから、エンゲージメントが高いチームほど業績指標（収益性が高い、品質の欠陥が少ないなど）に好影響を与えていることがわかる。

➡ エンゲージメントの他社比較は、自社の強みや弱みを客観的に把握し、改善点を見いだすために意味があるが、自社の特性を活かした対策を講じることが肝要である。

➡ エンゲージメントの構成要素は、明確に決められたものはない。自社にとって適切な構成要素を充分に議論することは、有効な打ち手が見えるエンゲージメント調査に取り組むために極めて重要である。

Column 「モーレツ企業」にはモーレツなりのエンゲージメントがある

　日本経済新聞が、上場企業を「働きやすさ」と「働きがい」の2軸で類型化、業績との連動などを分析した結果を2024年4月3日に公開しました。「働きやすさ」「働きがい」は「エンゲージメント」と密接な関係があり、エンゲージメントの観点から役立つ記事なので、簡単に紹介します。
　この記事では、日本企業における働きがいと働きやすさのバランスについて次のように述べています。

1. 日本企業における働きがいと働きやすさのバランス
- 昭和時代の「モーレツ企業」から平成時代の「ホワイト企業」へ移行
- 企業と従業員の関係が淡泊になってきたという副作用が生じている

図表 2-C-1 企業分類

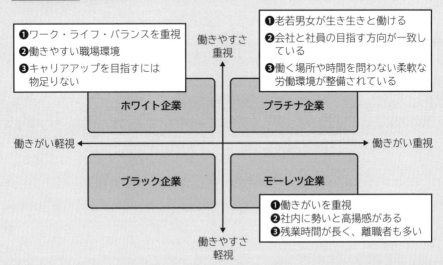

出典:「やりがい×働きやすさ=プラチナ企業　御社はランク入り?」(日本経済新聞) を参考に著者が整理
https://www.nikkei.com/article/DGXZQOUC086R20Y4A300C2000000/

2. 令和の現在、働きがいと働きやすさが両立した令和時代の「プラチナ企業」への進化が求められている
- 働きがいと働きやすさの両立は難しく、一部の先進的な企業にとどまっているのが現状

3. 日本企業の「働きがい」は改善の兆しが見られる
- 従業員が自ら動き、成長できる職場づくりは企業の永続的な成長に不可欠
- モーレツ企業とホワイト企業からの進化が日本企業の「伸びしろ」となる

　非常に興味深い分析でした。私は、この中でモーレツ企業に焦点を当てたいと思います。記事内の図表を見るとわかるのですが、モーレツ企業でも、ものすごく業績がよい企業はたくさんあります。ですが最近、こういったモーレツ企業はイメージだけで否定的に捉えられがちです。ハラスメントを容認することは論外ですが、エンゲージメントの観点でも、「昭和的な働き方や厳しい指導は受け入れられない」という論調で、モーレツ企業を否定しがちです。ですが、私はこうした見方は大いなる誤りだと思っています。

　モーレツ企業でこそ、能力を発揮する従業員もいます。そもそも、人的資本においても、モーレツ企業を否定しているわけではありません。

　たとえば、我々コンサルティング業界の多くの会社は、モーレツ企業です。たしかに、ひとつの会社に長くいる人は少ない傾向にありますが、エンゲージメントが低いかというとそんなことはありません。私の知人でも、同じコンサルティング会社に3回入社した人もいます。

　大切なのは、モーレツ企業であれ、ホワイト企業であれ、**自社にフィットしたエンゲージメントの構成要素を見つける**ことで、この行動こそが、エンゲージメントを高め、組織風土を変えていく上で極めて重要になると考えています。

3章

効果的な「エンゲージメント調査」の全体像

● ○ ⬡ ◇ ●

　エンゲージメント調査は、本来は社内で実施することが理想的です。組織の文化や特性を深く理解した上で、適切な調査設計や分析が可能になるからです。
　しかし、社内に専門知識やリソースがない場合や、客観性や匿名性を確保するために外部の視点が必要な場合には、外部委託を検討する必要があります。
　本章では、エンゲージメント調査の全体像について解説します。「成功するエンゲージメント調査」と「失敗するエンゲージメント調査」の特徴についても比較し、効果的なエンゲージメント調査の実施方法について説明します。また、外部委託する場合の委託先選定のチェックポイントも解説します。

1 エンゲージメント調査とは

　エンゲージメント調査は、エンゲージメントを計測するための設問を複数設定し、従業員に回答してもらうことで、組織と従業員のエンゲージメントを計測するものです。回答から得られた分析結果をもとに、エンゲージメントレベルを把握し、組織内の課題を洗い出し改善策を検討します。また、人的資本情報の開示にも利用できます。

▶ エンゲージメント調査の実施率は増加傾向と予測

　エンゲージメント調査の実施率は、一般財団法人労務行政研究所が定期的な調査をしています。人的資本経営の浸透とともにエンゲージメントという概念が広まる前は、従業員満足度調査（ES調査）の実施率として調査されていました。

　2018年1月〜4月ならびに2022年2月〜5月にかけて実施された調査「人事労務諸制度の実施状況」によると、従業員満足度調査の実施率は、2007年の20.1％から2022年には33.9％と増加傾向にあります。エンゲージメント調査の実施率に関しては、2022年が初めての調査ですが、実施率は15.4％にとどまっています。

　私の予測ですが、社会状況を踏まえると、今後は従業員満足度調査の実施率は減少傾向になり、エンゲージメント調査は増加傾向になると考えられます。また、両者を合わせた実施率は、今までの実施率を踏まえると、基本的に少しずつ上昇傾向をたどると考えられます。

　本調査において、エンゲージメント調査の実施率は15.4％となっていますが、企業規模別に分類するとその数値は異なります。従業員数1000人以上の企業に絞ると24.1％と高くなります。一方、300〜999人の企業は16.9％、300人未満の企業では4.6％となり、実施率の違いが顕著です。

また、エンゲージメント調査は大きく分けて、「パッケージ型（標準的な設問等によりあらかじめ事業者によって設計されているもの）」と「カスタマイズ型（企業それぞれの状況・ニーズに応じて設問を設計するもの）」があります。調査結果によると、パッケージ型が66.7％、カスタマイズ型が33.3％となっています。実施頻度については、1年に1回がもっとも多く56.0％で、年2回が24.0％と続いています。

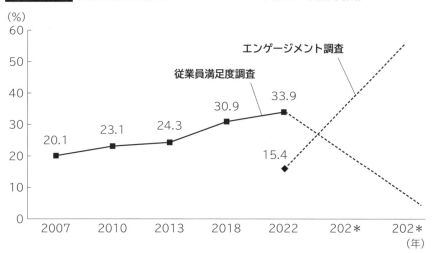

図表 3-1-1 従業員満足度調査とエンゲージメント調査の実施率推移

出典：『労働時報』（労務行政研究所）3957号 p.41 図表50、4039号 p.49 図表63を参考に著者が整理

図表 3-1-2 2022年度の規模別実施率（エンゲージメント調査）

区分	全体	規模別			産業別	
		1000人以上	300～999人	300人未満	製造業	非製造業
調査対象社数	292社	87社	118社	87社	113社	179社
実施社数	45社	21社	20社	4社	19社	26社
調査実施率	15.4%	24.1%	16.9%	4.6%	16.8%	14.5%

出典：『労政時報』（労務行政研究所）4039号 p.48 図表61を参考に著者が整理

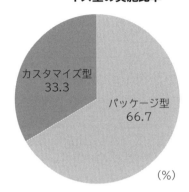

図表 3-1-3 パッケージ型とカスタマイズ型の実施比率

エンゲージメント調査の実施形態

出典:『労政時報』(労務行政研究所) 4039 号 p.49
項目 21-2 (1) を参考に著者が整理

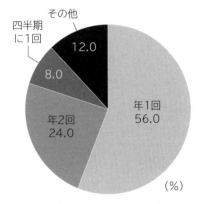

図表 3-1-4 実施頻度

エンゲージメント調査の実施頻度

出典:『労政時報』(労務行政研究所) 4039 号 p.49
項目 21-2 (2) を参考に著者が整理

▶ エンゲージメント調査の種別 (パッケージ型とカスタマイズ型)

　エンゲージメント調査の種別は、「パッケージ型」と「カスタマイズ型」があります。前者は、エンゲージメント調査を提供している事業者が標準的な設問項目を並べて、他社比較しやすくしたもので、後者は、自社にフィットするように、オリジナルにつくり上げたものです。
　それぞれの特徴、主なメリットとデメリットは次のとおりです。

●パッケージ型の特徴

　パッケージ型は事業者が提供しているもので、いろいろな企業での利用実績があることが多く、安心して利用できるパッケージが多いという利点があります。一般的なエンゲージメントの定義の範囲で、自社の置かれている状況や打ち手を確認したい場合には、実績が充分なだけにかなり役立ちます。
　一方で、設問に自社にフィットしない表現が含まれている場合や、分析の全体像が開示されず、分析方法や過程がわからない場合があります。また、自社として追加したい設問があったとしても、その設問を交えて分析しても

図表 3-1-5 パッケージ型、カスタマイズ型それぞれのメリット・デメリット

種類	メリット	デメリット
パッケージ型	1. 工数・手間を最小限に抑えられる 2. 短期間で実施可能 3. 他社との比較がしやすい 4. 調査の信頼性が高い 5. 分析・レポーティングが含まれている	1. 導入費用が高い 2. 企業独自の課題を深く掘り下げにくい 3. 設問内容の柔軟性が低い 4. 調査結果を実践的に活用しにくい場合がある 5. 社内の関心事項を反映しにくい
カスタマイズ型	1. 導入費用を抑えられる（外部委託しない場合） 2. 設問設計の柔軟性が高いため、社内の関心事項を反映しやすい 3. 調査結果をより実践的に活用できる 4. 企業独自の課題を深く掘り下げるために活用しやすい 5. 設計・分析・対策に関わった人材の成長につながる	1. 工数・手間がかかる 2. 調査の設計に時間がかかる 3. 他社との比較がしにくい場合がある 4. 調査の信頼性を確保するのが難しい場合がある 5. 設計や分析、レポーティングに関する導入費用が高い場合がある（外部委託する場合）

らえるかどうかは事業者によることも多く、パッケージ型を利用するのであれば、オリジナリティは出せないと思ったほうがいいでしょう。

● モーレツ企業※は要注意！ ●

　パッケージ型はプラチナ企業※・ホワイト企業※の従業員にとって答えやすい設問群になっているものが多いです。モーレツ企業と自認している場合、または、モーレツ企業からの脱却を図ろうとしている場合は、設問群と実態とがかけ離れすぎていて、実態に即した回答が得られない場合もあります。

　パッケージ型と一括りにいっても、提供事業者によって内容が異なるので、自社が考えるエンゲージメント要素に一番フィットするパッケージを選択するか、カスタマイズ型を選択することが好ましいでしょう。

※ モーレツ企業、プラチナ企業、ホワイト企業：2章コラム参照。

●カスタマイズ型の特徴

　カスタマイズ型は、自社の置かれた現状・ありたい姿、従業員の状況、職場の問題認識などに沿って構築することができます。よって多くの場合、回答者にとっても違和感なく回答できます。

　一方、設問は設計力に依存することが多く、外部委託の場合は高額になることもあります。また、初年度の設問設計に手間がかかるため、工数だけを考えたらメリットは少ないですが、調査結果を基にした対策の進めやすさなどを考えると、かなりのメリットがあります。

　このように、パッケージ型とカスタマイズ型にはそれぞれ魅力がありますが、私はカスタマイズ型の独自性と柔軟性に大きな価値を感じています。エンゲージメント調査の設問は、自社が考えるエンゲージメントの構成要素に基づくので、企業の個性がもっとも反映されるところだといえます。

　エンゲージメント調査を実施すること自体が目的で、コストと工数をかけられない場合は、パッケージ型が適切でしょう。一方、エンゲージメント調査を活用して、**より従業員がいきいきと働ける企業を目指すのであれば、カスタマイズ型を選択するほうがいいでしょう**。

▶ エンゲージメント調査の実施形態（内製、半委託、完全委託）

　エンゲージメント調査は、単独で実施される場合もありますが、組織風土改革などの組織改革の一環としておこなわれることも少なくありません。どちらを起点にしたとしても、調査結果を改革の方向性や施策の立案に活用することで、組織の問題点把握や改善活動につなげることができます。

　調査の実施にあたっては、以下の3つの実施形態があります。

●内製（自社主体：外部委託なし）

　社内のリソースを活用し、調査の設計から実施、分析まですべて自社でおこないます。工数はかかりますが、予算削減になり、自社の状況に合わせて柔軟に対応できます。

● **半委託（自社主体：部分外部委託）**

　調査の全体のコントロールは自社でおこない、エンゲージメント調査を進めていくにあたって、専門家・専門ツールをもつ事業者に委託したほうがよいと判断した工程のみ委託します。自社の意向を反映しつつ、調査実施の負荷を軽減します。

● **完全委託（委託先主体：全外部委託）**

　調査全体のコントロールを含めて、すべてを委託先に一任します。この方式では、専門的な知見やノウハウを最大限に活用でき、社内の工数も大幅に削減できます。ですが、委託費用がかかるというデメリットがあります。また、委託先の事業者によって提供されるサービス範囲が異なり、結果報告までを委託の範囲とする場合もあれば、対策立案や対策推進のサポートまで対応してくれる場合もあります。

　これらの実施形態とエンゲージメント調査の種別を踏まえると、図表3-1-6のように分類できます。

　パッケージ型は、完全委託が基本になります。カスタマイズ型は、内製・半委託・完全委託のいずれの実施形態も選択できます。

　本書の第Ⅱ部（4章〜7章）は、「カスタマイズ型・内製」を想定して書いています。しかし、「カスタマイズ型の半委託・完全委託」を検討している人も目を通してもらえると、事業者との食い違いが生じにくくなると思いますし、疑問に感じたことを質問しやすくなるでしょう。

　「パッケージ型の完全委託」を考えている人は、第Ⅱ部は直接的にはあまり必要としないパートだと思いますが、第Ⅲ部（8章〜10章）は必ずお役に立つ内容になっているので、ぜひお読みいただければと思います。

図表3-1-6 実施形態と委託方式の対応表

種類	内製	半委託	完全委託
パッケージ型	×	×	○
カスタマイズ型	○	○	○

2 一般的なエンゲージメント調査の進め方

次に、一般的なエンゲージメント調査の進め方について確認しておきましょう。これは、パッケージ型であれ、カスタマイズ型であれ、大きく変わるものではありません。

一般的なエンゲージメント調査の進め方は以下のとおりです。

STEP1. 全体プロセス設計
- エンゲージメント調査を実施する目的を明確にします。
- 日程等、全体のプロセスを明確にします。
- 組織の課題や改善したい点を特定し、調査の方向性を決定します。
- 調査の種別（パッケージ型またはカスタマイズ型）を選択します。
- 調査の実施形態（内製、半委託、完全委託）を選択します。
- 回答者の属性情報を決定します。

▼

STEP2. 設問群の構成
- 目的に合わせて調査の設問を設計します（カスタマイズ型のみ）。

▼

STEP3. 回答環境づくり
- 調査対象者に調査の目的と方法を説明します。
- 回答者の匿名性を確保するための措置を講じます。
- 調査を実施し、回答を収集します。

▼

STEP4. データの分析
- 収集したデータを集計し、分析をおこないます。
- 組織全体のエンゲージメントの状態や部門別の傾向を把握します。
- 自由記述の回答を分析し、具体的な課題や改善点を特定します。

▼

STEP5. 報告書のとりまとめ
- 加工データに対してコメントをつけます。
- 報告書にまとめます。
- 対策案を策定します。

▼

STEP6. 対策の実行
- 分析結果を経営陣や管理職に報告し、組織全体で共有します。
- 従業員にも調査結果を公開し、透明性を確保します。
- 結果に基づいて、組織の改善点や強化すべき点について議論します。
- 具体的な施策や目標、期限、責任者を明確にし、実行します。
- 必要に応じて、施策を修正・改善します。

▼

STEP7. 社外への結果開示
- 必要に応じて、エンゲージメントスコアを中心に、わかりやすい開示を検討します。

　エンゲージメント調査は、**1回限りのイベントではなく、継続的に実施す**ることが重要です。定期的な調査により、組織のエンゲージメント状況の変化を追跡し、持続的な改善に寄与します。

3

定点観測ツールとして定期的に実施する

「こういうのは会計年度に合わせて1年ごとにやるものじゃないの？」

たしかに1年ごとの実施が一般的ですが、図表3-1-4のとおり、2022年度における実施頻度は、1年に1回が56.0％で、2回が24.0％です。エンゲージメント調査は普及して日が浅いので、2018年度の従業員満足度の実施頻度も見てみましょう。

こちらも1年に1回が圧倒的に多いですが、2～4年に1回が20％程度あります。むしろ、1年に複数回実施する比率は10％に達しません。これは2022年度のエンゲージメント調査の実施頻度とは少し異なる傾向です。

エンゲージメント調査が主流になり、開示が義務化された今、1年に1回以上実施する企業の比率は上場企業においてかなり高まっているものと推察できますが、一方で長期的に見ると**「エンゲージメント調査疲れ」**が生じて、2018年度の満足度調査くらいの頻度比率に落ち着くと考えています。

図表3-3-1 従業員満足度調査の実施頻度（2018年度）

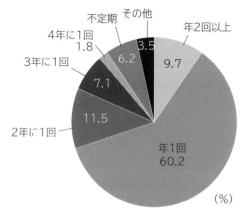

出典：『労政時報』3957号 P41 項目17-1（労務行政研究所）を参考に著者が整理

エンゲージメント調査の成功要因・失敗要因

　エンゲージメント調査もひとつの施策である以上、成功する場合も失敗する場合もあります。以下、成功要因と失敗要因について解説します。失敗要因については、解消方法も併せてお伝えします。ここでいう成功とは、「回答者が可能な限り本音に近い回答を示し、かつ一定の回答率を担保できたことで、適切なデータが集まること」とします。

成功要因
- 調査目的を明確にし、組織全体で共有することができている
- 自社の特性や課題に合わせた調査設計ができている(パッケージ型の場合は、自社の特性に合ったものを選べている)
- 経営層が調査の重要性を理解し、積極的に関与している
- 調査への参加意欲を高めるために、丁寧な説明ができている
- 調査の目的や方法、結果について、従業員と効果的なコミュニケーションができている
- 調査結果を活用し、具体的な対策を立て、実行できている
- 調査を定期的に実施し、継続的な改善につなげている

　失敗要因は、基本的に成功要因の裏返しですが、それ以外に具体的なものとしては、次の3つがあります。

特徴的な失敗要因
- 多くの従業員が、エンゲージメント調査の回答期間を把握していない
- 役員や調査責任者が結果に向き合えない(特に、結果が悪かったときに、報告書を開示しない)
- 実施時期が流動的であり、スケジューリングされていない

▶ うまくいった調査と失敗した調査の事例

　私がサポートした従業員意識調査（エンゲージメント調査）で、「うまくいった！」と思えるものと、「やらないほうがよかった……」というもの、いわば失敗だった調査がありますのでご紹介します。

●うまくいった調査①：従業員4000名程度
成功の要因：調査自体をイベント化し、楽しく取り組んだこと

　調査を設計する段階から、設計メンバー全員が楽しそうに取り組んでいました。具体的には、「会社をこうしたい！」「うちの従業員だったら、こうあってほしい！」「役員はこうあってほしい！」というようなものから、「お客さまからは、どう見えているんだろうか？」というような内容まで、非常に多面的な意見が出ました。

　また、回答期間においても、イベント感を出し、楽しい空気感を出すことを意識したことで、特別に督促をすることなく、回答率は98％に達し、自由記述の記入率も回答者の半数に到達しました。

　自分たちできちんと設計しているので、役員・部門長にも思いが伝わり、対策を進める上でも充分なサポートがありました。

●うまくいった調査②：従業員100名程度
成功の要因：改善ありきの仕組みの中に組み込んだこと

　調査を実施する前に、事務局（プロジェクトチーム）を立ち上げ、組織風土改革の一環として、従業員意識調査（エンゲージメント調査）を実施するという流れになりました。そもそも解決したい課題が明確なので、調査設計は対策を想定した形で進みました。もちろん設問に偏りが出るので、私が意見を出し、設問補正をしながらバランスを整え、調査を実施しました。

　事務局が立ち上がっていることは、きちんと社内に周知されていたので、回答する従業員も回答意欲が高く、いろいろな意見を伝える場として機能しました。

対策も一つひとつ丁寧に立て、結果的にうまくいかなかった対策もありましたが、4年にわたり、きちんと従業員意識調査を定点観測のツールとして活用できました。改善が見られ、事務局は発展的に解消しました。

●やめておけばよかった調査：従業員300名程度
失敗の原因：役員と担当者の社内実態把握の大幅なかい離

最初に担当者からご相談があったときから、かなり重苦しい雰囲気が漂っていました。もちろん、打ち合わせをした担当者の面々は、深刻な問題点をある程度把握しており、どんな調査をやったところで、よい結果は出ないと考えていました。むしろ、よい結果が出たとしたら、それは、「ウソをつかないといけないほど従業員は怯えて働いている証だ」という考えでした。

しかしながら、社長に話を伺うと「従業員はいきいきと働いているし、いろいろな要望もあるだろうから、こういった調査を通じて、上司には直接言えないような意見を聞きたいね」ということでした。

私は担当者に、「〇〇さん（担当者）と社長とで、現状の捉え方があまりに違うので、調査の前にやることがあるのではないですか？」と伝えたのですが、「とにかく社長は意識調査をやりたいと言っているから、やるしかないのです。ワンマンなので……。よい結果が出ると思っているようですし」と言っていました。

そこで、設問群は一般的なもので構成し実施したところ、すべての設問において100点満点の50点未満、悪いものだと25点未満になっており、ここでは例にも挙げられないような自由記述もたくさんありました。そこで書かれていた自由記述は、担当者の想定をさらに上回っていました。そのことを報告すると社長は激怒し、社内は混乱状態に陥りました。

エンゲージメント調査は、役員によっては通知表のように感じる人もいます。**自分の想定と大きく異なる結果を受け止めきれない人**も少なくありません。この事案をきっかけに、調査実施前から役員が結果を受け入れるマインドの醸成にもかなり手を尽くすようになりました。

5 実際にクライアントから聞かれた エンゲージメント調査Q&A

　私が携わった従業員意識調査、エンゲージメント調査の中で、コンペの段階など、調査導入前にクライアントから受けた質問、調査初年度以降に承った質問で、一般的かつ、自社内で実施する上で役立つと思ったものを紹介します。

▶ 実施前に受けた質問

Q01. 本音なんて書かないんじゃないの?

　"本音度"が高い回答を得られるかどうかは、**調査の準備プロセスの丁寧さに比例**します。匿名性を担保した上で、調査目的を丁寧に伝えて回答を促すと、本音度は高くなる傾向にあります。

　あまり回答の本音度が高くないときには、自分自身をアピールするような自由記述が多い、自由記述の未記入率が高いというような特徴があります。

　また、繰り返し調査を実施していく中で、回答することに意味がある、すなわち、**きちんと問題点等の対策をしてくれると回答者が感じると**、本音度は少しずつ上がっていく傾向にあります。

Q02. 普段、うちの従業員が言っていることと、そんなに違うことが出てくるのかなぁ?

　初回の結果を見たときは、みなさん、だいたい「思っていたとおりだ」と言います。たしかに、会社全体の傾向として想定と大きく異なる結果だったとしたら、よほど職場の状況が見えていないか、回答者が本音で答えていないかのいずれかです。

　しかし、職場単位で見ると、「A職場ってこんな感じなの?」、階層ごとに見ると、「うちの主任クラスってこんなに疲弊しているの?」というような驚

きがあることが少なくありません。

Q03. 優良な他社をベンチマークにしてこそ問題点が見えるんじゃないの？ 自社の過去と比較するだけでは意味がないのでは？

　たしかに、他社と比較したいという要望は多いです。ですが、ベンチマークになるかというと……。

　他社比較をおこなったとしても、**各社の置かれている背景事情がわからないため、結果的に得点だけの比較となってしまい、具体的な対処策は見えてこないことがほとんどです**。また、調査を委託した事業者に、比較対象とした会社の背景事情を聞いたとしても、守秘義務があるからと、社名も含めて詳しくは明かしてもらえないことが多いようです。

　もちろん、他社比較は無意味ではありません。特に実施初回は、比較材料がないのでなおさらです。ただ、**他社よりも「良かった」「悪かった」という結果をどう活かすつもりなのか**を考えておく必要があります。

　たとえば、新卒採用説明会で、「女性従業員がキャリアの将来像を描けているかという点では、業界内の他社よりも満足度が高くなっています」という形で利用したいなど、利用使途を考えておくといいでしょう。

　他社より自社は優れているという、経営陣の自己満足のために比較を重視する担当者もおられますが、私の経験では、堅実な経営者ほど他社比較を嫌い、自社がどう改善したかに関心をもつ傾向を実感しています。

Q04. 組織の問題を明らかにするために、どうして満足度を問う設問以外の設問が必要なのか？

　会社に対する満足度を問う設問群として設計すると、概ね調査では本質的な問題は見えてきませんし、従業員が満足するだけで、業績がよくなるわけではありません。

　会社として求めていることに対しての従業員の実現意欲など、多面的に問うことで組織としての問題点が見えてきます。満足度が低すぎてもいけませんが、あくまで**会社として求める人材像に沿った人材が納得して働けているかや働きがいの実感度が高いか**を問うことが重要です。

Q05. ストレスチェックとエンゲージメント調査は何が違うのか？

ストレスチェックは、労働者が常時50名以上の事業場において、法的な実施義務があり、高ストレス者への面接指導などによる労働者のメンタルヘルス不調の未然防止を目的とします。一方、エンゲージメント調査は、法的な義務はありません。従業員の仕事への意欲や満足度、組織全体の課題を明らかにすることで、一人ひとりのパフォーマンスの最大化や生産性向上につながる職場環境の改善に役立てることを主な目的とします。

▶ 実施後に承った質問

Q01. 定期的にやる必要があるのか？ 問題が発生して対処した後に、数年間だけ実施する形でもいいのではないか？

実際に、そういう方針を取っている会社もあります。ですが重要なのは、**普段から会社全体として、エンゲージメントの論点で考える文化が根づくこと**だと思います。調査があり、それに対する対策を考える場があると、自然と意識が高まっていくので、意識を維持するという観点でも定期的に実施することをおすすめします。

Q02. 1年に1回実施すると、対策に充分な時間が確保できない。2年に1回など、少し間隔を開けたほうがよいのではないか？

何に重きを置くかで実施周期は変わってきます。対策に重きを置くのであれば、1年に1回は頻回すぎるという考え方もあります。一方、会計年度（決算期）に合わせるのであれば、1年に1回はあったほうがよいというニーズもあろうかと思います。

たとえば、奇数年は60問程度を問う本調査、偶数年は20問程度の対策の進捗を調べる簡易調査、つまり隔年に中間的な調査をおこなうという方法もあります。

Q03. ○○社にエンゲージメント調査をお願いしていたが、予算が厳しくなってきたので、自社で実施するか他社に切り替えたい。過去との比較はできるのだろうか?

　外部委託先を変更すると、前委託先との契約上の関係でデータの引き継ぎができず、過去データとの比較が難しくなる場合があります。自社実施から委託実施への切り替えであれば問題はないのですが、その場合であっても、データ引き継ぎの際に加工の必要性が発生し、費用がかかる場合もあります。

　できる限り過去データとの比較を活かしたい場合は、新しく切り替える予定の事業者に相談するか、切り替え後が自社実施の場合は、切り替え前の事業者に相談してみてください。

Q04. エンゲージメント調査は1年に1回やっている。部門ごとに得点の低い設問に絞って、毎月追跡調査をしようと考えているが、どうか?

　これは、いわゆるパルスサーベイという手法で、一般的におこなわれます。ただ、気をつけないといけないのは、「はいはい、毎月聞かれるくらいなら、よい得点をつけますよ。よい得点であれば、もう聞かれないんでしょ?」というふうな意識に回答者がならないようにすることです。

　部門ごとに結果を用いて主体的に改善活動を実施して、部門主体でパルスサーベイを実施するのであれば意味があると思います。しかし、私が回答者の立場であれば、たとえば毎月、「あなたは、上司を信頼していますか?」としつこく聞かれたならば、面倒くさくなり、それなら高めに点数をつけようとするでしょう。実際にそのような声を聞くことがあります。

　パルスサーベイは、かなり丁寧な配慮のもとに実施することが大切です。

Q05. 毎年、同じような結果が出て、新鮮味がない。

　毎年同じ結果が出るのは、問題が根深いか、対策が機能していないかのどちらかです。新鮮味がないと嘆く前に、**なぜ同じ結果が繰り返されるのかを考えることが大切です。**

6 外部委託先について知ろう

エンゲージメント調査を商品として提供している事業者は、どのようなところがあるのでしょうか？ 具体的な事業者名・サービス名を挙げることは控えますが、私は、以下のように分類して把握しています。

図表3-6-1からもわかるように、コンサルティングを主業としているか、調査を主業としているかの違いが一番大きいと考えています。また、大手のコンサルティング会社の場合、調査部門をもっていることもありますから、大きくは3種類あるといえます。

できるだけ手間を省きたいのであれば、充分な予算を確保して、コンサルティング会社の調査部門に委託するのがよいでしょう。その後問題が見つかった場合も、コンサルティング部門と連携して対応してくれるからです。最近は内資系も外資系も多くの事業者がサービスを提供しています。

また、コロナ禍以降、エンゲージメント調査を実施する事業者が増えてき

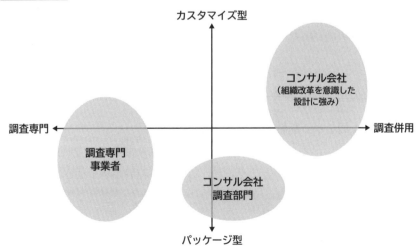

図表 3-6-1 私見による事業者分類

ました。それにともない、エンゲージメント調査の品質のばらつきも大きくなってきたように感じます。事業者に相談する際には、エンゲージメントについての理解がきちんとしているか、確認しながら選ぶようにしましょう。

　大手であれば安心という考え方もありますが、担当者によって理解の度合いが異なる場合もあります。あなたの会社の担当になる営業担当者やコンサルタントがきちんと理解しているかどうかを把握した上で、委託の可否を検討したほうがいいでしょう。

　私の知る限りでは、事業者の企業規模および提供価格と、調査設計品質との関係性は大きくありません。小規模事業者でも丁寧につくり込んでいる場合もあれば、大手でも疑問符がつく商品を提供している事業者もあります。

▶ 外部に委託する範囲

　エンゲージメント調査の委託方法は、本章１項でも述べたとおり、パッケージ型は完全委託、カスタマイズ型は半委託（部分的な委託）と完全委託があります。これを踏まえ、私が委託を受けたことがある形態をベースに、5つの委託パターンで見てみましょう。

■委託方法A：完全委託（パッケージ型、カスタマイズ型）
　調査設計から報告まで主体は委託先事業者。委託先事業者の旗振りの下、必要に応じて担当者が打ち合わせや報告等に参加する。

■委託方法B：半委託（カスタマイズ型）〈アドバイザリー〉
　自分たちが調査設計から報告、対策まで進める。プロセスを進めていく上で困ったときの助言機能を委託する。

■委託方法C：半委託（カスタマイズ型）〈回答データの収集〉
　回答データの収集だけを委託する。分析や報告は自分たちで実施する。

■委託方法D：半委託（カスタマイズ型）〈セカンドオピニオン〉
　もう調査は終わっているが、もう少しこのデータから見えるものもあるのではないかと感じている。専門家が分析したらどのようになるか、セカンドオピニオンとして確認したい。その結果次第で、次年度、外部委託にする

か、自社内実施を継続するかを判断したいといったケース。

■委託方法E：半委託（カスタマイズ型）〈分析の委託または助言〉
　自分たちで調査をやろうと進めてきたが、分析段階でつまずいてしまった。せっかく回答を得たデータなので有益に活用したいので、調査意図を理解してもらった上で分析について指導してほしい。

　外部委託として考えるときの大半はA（完全委託）だと思いますが、B〜Cはコスト削減の意図、Dは専門家確認、Eは取り組んでみたもののお手上げ状態になってしまったとき、という形になろうかと思います。

▶ 選定方法

　委託先を探そうと思ったときは、人からの紹介やネット検索で、いくつかの事業者を選び、話す機会をもつことが望ましいでしょう。また、自部門または他部門でコンサルティング会社と付き合いがある場合は、その会社に相談してみることも選択肢に入れてよいでしょう。
　会社の従業員数が多い場合で、かつ、パッケージ型・カスタマイズ型のいずれであっても完全委託を考えている場合は、それなりの委託金額になるので、複数事業社によるコンペ形式にすることをおすすめします。

　私も事業者としてコンペに参加したことがありますが、後から事情を教えてもらったケースでは、以下のようなものがありました。

- かなり価格差があった（委託方法A〈完全委託〉として、従業員一人あたりに換算して2000円〜1万円）。
- 自社に対する理解に大きな差があった。
- やる気があるように感じられなかった。

　このように、コンペ形式にしたからこそ、わかったことがあったそうです。より正しく比較する場合には、RFP（Request for Proposal：提案依頼書）を

コンペ参加事業者に開示し、条件を揃えることが大切です。

▶ 選定チェックポイント

委託先選定における考え方の整理と、実際に選定するときのそれぞれにおいて、押さえておきたいポイントがあります。

根本的な考え方の整理、チェックポイント
- ☐ 他社比較を重視したいか、自社の組織改革に活用することを重視したいか
- ☐ パッケージ型かカスタマイズ型か
- ☐ 委託方法はA〜Eのいずれの方法で考えているか
- ☐ どれくらい予算がかけられるか（従業員一人あたりのコストに置き換えて考えるとわかりやすい）
- ☐ どれくらい工数・手間をかけられるか
- ☐ 実施時期はいつごろにしたいか

予算については、従業員数が少ないほど一人あたりの単価は上昇する傾向にあります。安価な事業者を探せばキリがないですが、一人あたり2000円〜1万円が一般的です。従業員数が100名以下など少ない場合は、一人あたり1万円〜2万円くらいになる場合もあります。

●事業者選定のチェックポイント

【委託方法A：完全委託（パッケージ型、カスタマイズ型）】
□ 事業者担当者が、エンゲージメント調査の全体像を理解できているか
□ 調査を回答者目線で考えているか
□ あなたの会社のことを理解しようとしているか
□ 他社比較を希望する場合、どんな他社が考えられるか
□ IR向けによい結果をできるだけ出そうとしている事業者か、それとも実態に即した結果を求めようとする事業者か

【委託方法B：半委託（カスタマイズ型）〈アドバイザリー〉】
□ 事業者の担当者が、エンゲージメント調査の全体像を理解できているか
□ 調査を回答者目線で考えているか
□ あなたの会社のことを理解しようとしているか

【委託方法C：半委託（カスタマイズ型）〈回答データの収集〉】
□ Web調査システムはどのような機能をもっているか（調査の開始時刻と終了時刻の設定可否、IPアドレスによるアクセス制限の可否など）
□ Web調査システムに不具合が生じたときの対応に納得できるか
□ Web調査システムがマーケティング用途が主体になっていて、機能過多で使いにくくないか

【委託方法D：半委託（カスタマイズ型）〈セカンドオピニオン〉】
□ 自分たちが分析した結果を見た段階で、セカンドオピニオンとしてどんな結果が想定されるかの回答ができるか

【委託方法E：半委託（カスタマイズ型）〈分析の委託または助言〉】
　途中から引き継ぐのは、事業者にとってはコストがかかる。基本は受託したがらない事業者が多いという前提で、事業者選定をする。

いろいろな視点がありますが、私はこのような視点で事業者を選定すれば、相性のよい事業者を選定できると考えます。

▶ 契約後に困った事例

外部事業者とエンゲージメント調査の委託契約後、「こんなはずではなかった……」と困ってしまった事例を5つ紹介します。

●事例1：エンゲージメント調査という一商品のことしか知らない

調査を単なるパッケージ商品と考えている事業者の場合、担当になるのは業歴の浅い人が多く、その商品知識以外のことをほとんど知らないこともあると聞きます。エンゲージメント調査単体をシンプルに実施したい企業にとってはコストも安いので、ある意味ではうってつけだと思います。

しかし、組織改革や質の高い情報開示を目的としている場合は、かなり違和感を覚えることもあります。価格や企業名だけで委託先を選んでしまうと、本来の目的とは合わない事業者を選んでしまうことにもなるので、充分に気をつけて選択しましょう。

●事例2：回答データの収集設定にミスがあった

カスタマイズ型でWeb調査を実施する事業者の場合で、何回か耳にしたことがあるトラブルです。具体的には、回答必須にしていた設問なのに、必須制御が効いておらず、意図していたとおりにデータが収集できなかったという事案です。

人間が設定するのでミスが起こることもありますが、問題なのは事後対応です。この手の調査はやり直しがききませんから、責任の取り方としては、一般に減額ならびに分析の仕方の再提案という形になります。

しかしながらある事業者は、「貴社も画面確認をして許可を出した。だから当社だけのミスではない」という論理で、値引きも分析方法の変更も拒否したそうです。

どんな状況でもヒューマンエラーは起き得ますが、データ収集は肝中の肝

なので、依頼者側としても充分に確認する意識をもつことが大切です。

●**事例3：調査結果は他のコンサル会社には渡せない**

　調査の結果が出た後、委託事業者と「うちの部門は、この調査結果を使って、付き合いのあるコンサルタントと一緒に対策を考えていて、いい方向に向かっていますよ」と雑談をしていたら、突然、事業者は顔色を変えたそうです。

　「それは、弊社とのエンゲージメント調査に関する契約に違反しています。この調査結果を他のコンサル会社や調査会社に開示することは認められません。そのコンサルタントからデータを回収してください」と言われてしまったそうです。たしかに契約書を確認するとその一文があったそうです。

　委託事業者の視点でいえば、報告書の中身にはノウハウが詰まっているので、それを同業他社に開示されれば盗用されてしまうと感じることもあるでしょう。ただ、大企業であれば、事業部や部門ごとにコンサルタントと契約していることも多く、このような事案は発生しがちです。

　したがって、調査結果を他のコンサル会社などと共有する可能性がある場合は、契約段階で、「どういう形なら他社と共有しても構わないか」「どういう情報を報告書から抹消すれば共有して構わないか」などを、詰めておくことが大切です。逆にいえば、他のコンサルタントと相談する可能性が少しでもあるならば、それを事業者選定の必須条件にしてもいいと思います。

●**事例4：調査結果後の対策として、研修しか提案してこない**

　あまり思わしくない調査結果が出たため、対策を考える必要性が生じるケースがあります。そこで調査を委託した事業者に相談すると、「○○研修をやりましょう」「△△研修をやりましょう」と、研修の提案しかしてこないという話をよく耳にします。

　悪い結果でも、調査後の対策について柔軟に相談に乗ってほしいと思っているのであれば、委託先検討の時点で考慮しておきましょう。対策の相談は別のコンサルティング会社でもいいと考えている場合は、事例3の対応を忘

れないようにしましょう。

●**事例5：比較先の企業が、まったく違う業界って？**
　とある企業でこんな話がありました。
　「某事業者に意識調査を頼んだのですが、比較可能な他社が○○業界の会社だと言うんですよ。ぜんぜん違う業種じゃないかと言ったら、そこが一番近いと言われました。しかも1社だけです。これで他社比較と言われても……」

　他社比較を強く希望する場合は、契約前にどういう企業と比較できるのかを確認しておきましょう。事前に教えてくれない事業者もあるかもしれませんが、他社比較を強く希望する場合は、事例数が多く、業種別の比較可能企業件数を教えてくれるような事業者にしましょう。

　このように、外部委託をするときには気をつけないといけない点があるので、**絶対に欠かせない要素をあらかじめ確認しておいてから、ニーズに合った事業者・担当者を選ぶようにしてください。**

3章のまとめ

➡エンゲージメント調査の目的は、組織と従業員のエンゲージメントを計測し、組織内の課題を洗い出し、改善策を検討することであり、人的資本情報の開示にも利用できる。調査の種別は、パッケージ型とカスタマイズ型があり、実施形態は内製、半委託、完全委託に分けられる。

➡エンゲージメント調査は定点観測ツールとして定期的に実施することが重要であり、継続的な改善に寄与する。調査の成功には、経営層の関与、従業員への丁寧な説明、結果の共有と活用が欠かせない。

➡エンゲージメント調査は、従業員の満足度だけでなく、企業の求める人材像や従業員の実現意欲などを多面的に問うことで、組織としての問題を明らかにできる。満足度調査とは異なり、業績向上につながる従業員の納得感や働きがいを重視する。

➡外部委託先には、コンサルティング会社、調査会社、コンサルティング会社の調査部門があり、予算や目的に応じて選定する必要がある。委託方法には完全委託と半委託があり、事業者選定では担当者のエンゲージメントに対する理解、回答者目線、自社理解などがポイントとなる。

➡外部委託では、事業者のエンゲージメント調査に関する知識不足、データ収集の不備、結果の他社開示制限、対策提案の偏り、比較対象企業の不適切さなどのトラブルに注意が必要である。

Column 中小企業でも必要？ 役員に必要性をわかってもらいたい

「人的資本？　エンゲージメント？　上場していなきゃ、開示義務がないんでしょ？　うちにはそこまで手を回す余力がないよ」

実際に中小企業の役員から聞こえてきた声です。人手不足や収益率改善に注力する環境下で、その気持ちは理解できます。また、老舗中小企業の一部では、「うちは家族的な雰囲気だし、従業員のことはよくわかっている」という空気感が漂いがちです。そういった会社の担当者が上層部を説得するポイントを紹介しましょう。大企業でも同じ論調で通じる会社はあると思います。

■説得ポイント①：リスクの先読み
- 大きな問題になりそうな事案を、芽のうちに発掘できること
- 離職が増えそうな職場の特定ができること

■説得ポイント②：金銭面でのメリット
- 従業員一人あたりに換算すると、たった〇〇円であること
- 問題を放置し、品質不良が生じて出荷できなくなったときの損失は〇〇円なので、保険と考えれば高くないこと

■説得ポイント③：人を大切にしている会社という採用面でのメリット
- 職場の枠を越えて「定期的に声を伝える仕組みがある」会社として認識されやすくなること
- 高卒採用をしている場合、高校の先生が生徒に伝える際の「働きやすさ」を伝えるキーワードのひとつになること

取引先が上場企業の場合、今後はサプライチェーンに、事業継続性の観点からエンゲージメントの計測が要求されることも考えられます。将来ニーズに、まずは小さくやってみませんか、というような説得もいいと思います。

実施編

――カスタマイズ型
エンゲージメント調査の実践

4章

全体設計プロセス
——問題解決の打ち手が見える調査の実施

● ○ ● ○ ●

　よりよいエンゲージメント調査を実施するためには、適切な全体設計が不可欠です。調査の目的を明確にし、それに沿った設計をおこなうことで、有意義な調査につながります。

　本章では、エンゲージメント調査の全体設計について解説します。調査目的の設定、調査対象者の選定、回答収集期間の決定など、調査の大枠を丁寧に定めていく方法を説明します。これらを踏まえることで、組織の特性に合わせた最適な調査設計をおこなうことができます。

1 調査の全体像

　カスタマイズ型エンゲージメント調査の設計に入ります。まず、設計・収集・分析・報告・対策をするための心構えと、全体の流れを解説します。外部委託する場合でも、本章を把握しておくことで、事業者とのスムーズなやりとりが可能になるはずです。

　本書で解説するエンゲージメント調査は、組織内の現状を可能な限り正確に反映した結果を得るための調査設計を目指しています。調査設計や準備の工夫により、自然に高い回答率が得られることも伝えていきます。また、同じ設問でも、表現の仕方によって受け取られ方が変わってくるものです。これらの点についても解説します。

▶ カスタマイズ型の魅力と副産物

　本題に入る前に、カスタマイズ型の魅力と副産物について触れておきたいと思います。カスタマイズ型の魅力は次のとおりです。

"自社にフィットした設問群で、調査・分析・対策ができること"

　さらに、大きな副産物が3つあります。

A. 設問群を通じて、会社の考え方を伝えられること

　会社に対する共感度や、会社の方針に対する理解度を確認する設問群を通じて、会社としての考え方を感じ取ってもらうことができます。日常的に、上司からの説明、年度所感、新年所感、社内報など、様々なルートを通じて従業員は会社の考え方を耳にしていますが、その理解度は人それぞれです。こういった調査の機会を利用して、特に理解しておいてもらいたいことを伝

えることで、**従業員に要点を効果的に伝達**できます。

B. 回答率が高くなりやすいこと

　カスタマイズ型の調査では、従業員が日常的に触れる表現、状況、行動にマッチした設問を用意できます。人は、自分に関連性の高い内容ほど真剣に考えようとするため、調査に対する**従業員の主体的な参加を促す**ことができ、回答率の向上につながります。

C. 事務局として携わった人材に、管理職としての素養が培われること

　調査全体のプロセス（設計⇒収集⇒分析⇒報告⇒対策）に、事務局として全面的に関わることで、**管理職として必要な多くの素養を身につける**ことができ、人材育成の効果的な手段になり得ます。

　あるクライアントから、「様々な経験を調査実務を通じて積ませることができるから、いろいろな研修を組み合わせるよりもはるかに意味があり、効率的かもしれない」という声をいただいたこともあります。

▶ 従業員ファーストで考える

　質の高いエンゲージメント調査を実施するためには、

"常に回答者の立場・気持ちで考える"

つまり、「従業員ファースト」で考えることが必要です。エンゲージメント調査でもっとも大切なのは、**回答者が正しく回答する**ことです。データが正しくなければ、どんなに採用実績のある設問だろうが、どんなに質の高い分析をしようが、どんなに素晴らしい対策を立てようが的外れになります。

　エンゲージメント調査をはじめた当初は、調査に対する信頼度は低いものです。基本的に、この状態で本音に近い回答を集めるのは難しい場合もあります。そこで、本音に近い回答を集めるためには、**心理的安全性が高く、手間の少ない調査**にする必要があります。

図表 4-1-1 回答の本音度

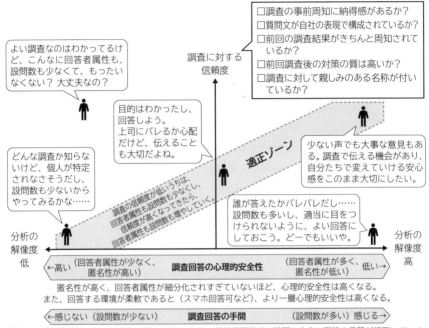

一方、調査の回数を重ね、適切な周知に加え、フィードバックと対策にきちんと取り組み、かつ個人を特定されない安心感が醸成されてくると、調査に対する信頼性が高まってきます。その状態であれば、多少、心理的安全性を下げ（回答者が回答する属性〈部門、階層、年代など〉の細分化など）、設問量を増やしても、本音に近い回答をしてくれるようになります。

図表 4-1-1 を踏まえると、信頼度が低いうちは、分析の解像度（どこまで詳細に分析できるか）が低くなることを受け入れなければ、本音に近い回答は得られないということになります。しかし、それはやむを得ないことです。

もちろん、解像度が高いに越したことはありませんが、何よりも重視すべきは、回答データの品質の高さ、つまり"本音度"の高さです。回答が本音に近いほど、正しい姿が見えるということです。迷ったときは「**常に回答者の立場・気持ちで考える**」ようにするとよいでしょう。

▶ 調査全体の流れを把握する

　エンゲージメント調査は、図表4-1-2に示すとおり、全体設計、設問設計〜対策推進、社外開示までをワンセットとして捉えることが重要です。
　各プロセスの質を高めることで、有意義な結果が得られます。

図表 4-1-2 調査全体の各プロセス

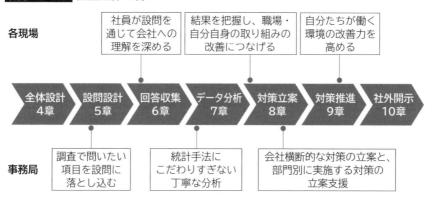

　上記の各プロセスのうち、本章では、全体設計プロセスについて解説していきます。決めるべき項目は次の6つです。

　①事務局メンバーを選ぶ
　②スケジュールを構成する
　③「現状仮説」と「ありたい姿」を共有する
　④回答対象者を決める
　⑤回答者属性を決める
　⑥調査の名称とロゴを決める

企業規模による設計上の相違点はあるか

　エンゲージメント調査の実施方法について、企業規模によって違いはあるのか、気になる方もいると思います。
　そこで、従業員数や部門数などを考慮したモデルケースを示します。

■モデルケース1：従業員2000名程度、部門数20
■モデルケース2：従業員2000名程度、6本部、部門数60
■モデルケース3：従業員4000名程度、本社100部門＋海外子会社
■モデルケース4：従業員1000名程度（本体）、子会社8つ
■モデルケース5：従業員200名程度、部門数10
■モデルケース6：従業員50名程度、部門数4

　このモデルケースごとに、実施方法の大きな流れに違いはありません。もちろん、事務局メンバーの人数や対策実施における展開方法などは、規模によって異なる部分はあります。そういったところにも触れつつ、どのケースでも役に立つように書いていますので安心してください。

事務局メンバーを選ぶ

　読者がエンゲージメント調査の実施を任された主担当だとします。調査の実施プロセスを一人で進めるのは、質を高めるという観点に立つならば、かなり無理があります。事務局を立ち上げ、メンバーを集めることが重要です。

　事務局メンバー選定において、もっとも重要なのは、

メンバー全員揃えば、会社の全体像が描けそうなメンバー

になっていることです。「全体を描けるって……一体何人必要なんだ？」と疑問をもたれるかもしれません。2000人規模の会社であっても、6人いれば全体像を描けることもありますが、実際の集まり方は会社によって千差万別です。たとえば、以下のような事例があります。

- ■事例1：育てたいと思っている若手＋担当役員
- ■事例2：部門横断的でありつつ、上層部だけで構成されたメンバー
- ■事例3：規模に応じて、各本部または各部門から1名選定する
- ■事例4：間接部門のメンバーを中心とするが、直接部門のメンバーにも加わってもらう
- ■事例5：世代がばらつくように、人脈が広そうな従業員を選定

　いろいろな集め方がありますが、議論の発散を防ぐために**6名〜10名程度に絞る**ことだけを意識すれば、どういったパターンでもいいと思います。

　たとえば、上意下達の雰囲気が強いと想定している組織では、無理に若手を入れず、事例2のパターンがいいかもしれません。一方、現場と間接部門の距離感がかなりある組織の場合は、事例4がいいでしょう。

このように、主担当者は自社の組織構成と風土を考慮し、意見が出やすく全体像が見えるメンバー構成を想像しながら、候補者を挙げることをおすすめします。

絶対に避けたほうがいいのは、エンゲージメント調査を主管する人事部・総務部・経営企画部などの部門だけでメンバーを構成することです。間接部門でも現場寄りの部門や直接部門の従業員を加えることで、回答者の納得感が高まる可能性があるためです。

> ### ● 大きな組織は、メンバーの関わりを二層構造にすることもある
>
> 　企業規模が大きい、本部制やカンパニー制を取っている、部門数が多い、子会社もセットで実施するなど、組織の階層構造が深い場合、事務局メンバーを二層構造に設定することもあります。
>
> 　たとえば、本部制を取っている会社を例にして考えてみます。主担当と各本部から選任された担当をコアメンバーとしたとき、各本部のコアメンバーを支えるサポートメンバーを本部ごとに設定します。
>
> 　このようにすることで、各本部の意見を自分一人で背負うという重圧を抑えることができ、コアメンバー間での発言のしやすさを高めることができます。また、最終的に本部ごとに結果を報告したり、対策を推進したりする際にも、サポートメンバーの存在は重要になってきます。

▶ メンバーの入れ替えはあり得るのか?

　全体設計から対策立案・実施までの一連のプロセスは、**同じメンバーで進めることが望ましい**です。調査の継続性や対策の実効性を高めるためには、メンバーの理解と協力が不可欠だからです。結果までの経緯を知っており、一定期間をともにした仲間同士だからこそ立てられる対策もあるので、一連のプロセスでメンバーを入れ替えるのは好ましくありません。

　ただし、調査を重ねる中で、2年目にメンバーを一部入れ替えることは問

題ありません。新しい視点を取り入れることで、調査の質を高められる可能性もあるでしょう。ただし、全員が入れ替わってしまうと、過去の経緯や議論の蓄積が引き継がれにくくなるリスクがあります。継続性を保つためにも、少なくとも半数程度のメンバーは残しておくことが理想です。

特に、主担当者が交代する場合は、引き継ぎを入念におこなうことが大切です。前任者から詳しい説明を受けるだけでなく、他の事務局メンバーからも状況を聞いておくといいでしょう。多角的な視点で情報を集めることで、スムーズに調査を引き継ぐことができます。

メンバーの選定と入れ替えについては、調査の目的や組織の状況に応じて柔軟に判断する必要がありますが、一貫して**調査の質を担保するという観点を常にもっておく**ことが重要です。

▶ 事務局メンバーも調査に回答してよいのか？

事務局メンバーが調査に回答することの是非については、よく議論になるところです。「設計に関わったメンバーが調査に参加するのは不公平ではないか」という意見は、一見もっともに聞こえます。

たしかに、設問の意図を深く理解している事務局メンバーと、一般の従業員とでは、回答の前提条件が異なっているようにも思えます。

しかし、私は事務局メンバーにも調査に参加してもらうべきだと考えています。設問設計が終了した後は、一従業員の立場に立ち返って、素直な気持ちで回答してもらえばいいのです。設問の背景を理解していることで、回答がゆがむことはないでしょう。むしろ、設問の意図を正確に理解しているからこそ、自分の実感に基づいて回答してもらうことが重要です。

たしかに、事務局メンバーと一般の従業員の間には、設問の理解度に差が生まれます。しかし、それは調査の妥当性を損なうものではありません。

重要なのは、**一人ひとりが率直な回答を心がける**ことです。一般の従業員でも、設問を正確に読み込んで真剣に回答する人もいれば、流し読みで適当に回答する人もいるでしょう。そうした個人差は、事務局メンバーであるかどうかにかかわらず、ある程度は発生してしまうものです。

3 スケジュールを構成する

　事務局メンバーを決めたら、まず取り組むのは全体スケジュールを決めることです。もちろん、初めて取り組むことなのでイメージがしにくい部分もあると思いますが、図表 4-3-1 に基本的な工程や日数などを記載しましたので、参考にしながら決めていきましょう。

　これらのプロセスの中で、**日程を確定させる上で基準になるのは報告日と回答期間**です。会社によっては報告日ありきで進めていく必要があります。
　最重要日程が報告日、第二重要日程が回答収集期間として話を進めていきます。まず、この2つの日程は絶対に動かせないものとして、スケジュールを組み立てていきましょう。場合によっては、これらの日程に合わせて分析をどこまで細かくおこなうかを検討する場合もあります。
　スケジュールを組む際には、各プロセスの主担当者も併せて決めておくことをおすすめします。これにより、事務局メンバーそれぞれが自分の担当部分の工数を読みやすくなります。
　図表 4-3-1 を見て、「こんなに全体設計プロセスと設問設計プロセスに時間がかかるの？」と思った人もいるでしょう。特に、全体設計プロセスの「現状仮説とありたい姿」の確認や設問設計プロセスにかなりの時間がかかることもあります。議論の進め方にもよりますが、ここにある程度の時間を確保しておいたほうがいいでしょう。2回目以降は短縮できます。
　もちろん、企業規模や調査の目的によってスケジュールは変わるものです。事務局メンバーで話し合い、自社に合ったスケジュールを設定することが大切です。

図表 4-3-1 実施スケジュール例

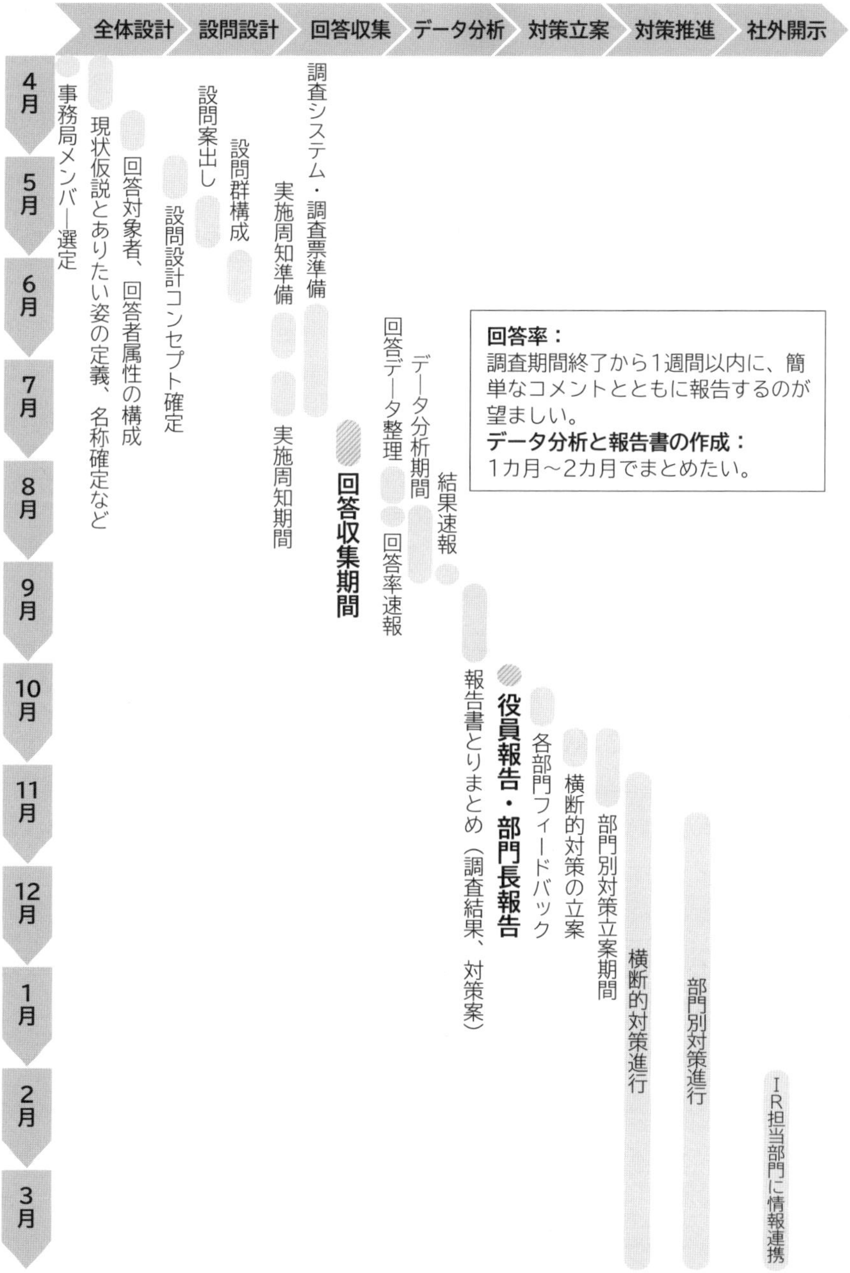

フェーズ: 全体設計 → 設問設計 → 回答収集 → データ分析 → 対策立案 → 対策推進 → 社外開示

4月
- 事務局メンバー選定
- 現状仮説とありたい姿の定義、名称確定など
- 設問案出し
- 調査システム・調査票準備

5月
- 回答対象者、回答者属性の構成
- 設問群構成
- 実施周知準備

6月
- 設問設計コンセプト確定

7月
- 実施周知期間

8月
- 回答データ整理
- 回答収集期間

9月
- データ分析期間
- 結果速報
- 回答率速報

10月
- 報告書とりまとめ
- 役員報告・部門長報告

11月
- 各部門フィードバック
- 横断的対策の立案
- 部門別対策立案期間（調査結果、対策案）

12月
- 横断的対策進行
- 部門別対策進行

1月〜3月
- IR担当部門に情報連携

> **回答率：**
> 調査期間終了から1週間以内に、簡単なコメントとともに報告するのが望ましい。
>
> **データ分析と報告書の作成：**
> 1カ月〜2カ月でまとめたい。

第Ⅱ部 4章 全体設計プロセス —— 問題解決の打ち手が見える調査の実施

▶ 報告日の決め方

　一般的に、エンゲージメント調査の初回報告は役員会議でおこなわれることが多いです。その後、部門長会議や各現場での報告、報告動画の作成など段階的に情報が展開されていきます。そのため、スケジュールを組む上でもっとも重要なのは、**どの時期に役員会議で報告するかを決めること**です。

　私の経験上、報告日は全体設計の段階で、回答期間とセットで決定されるケースが多くあります。また、社外情報開示を予定している場合は、報告日のデッドラインがあらかじめ決まっていることが多く、そこから逆算して回答期間を設定することになります。

　報告日を起点にスケジュールを組むことに違和感を覚える方もいらっしゃるかもしれません。しかし、報告日を基準にすることで、その後の対策推進をスムーズに進められるだけでなく、調査を定期的に実施していく上でも非常に重要な意味をもつので、報告日をひとつの制約条件として捉え、全体のスケジュールを立てていくことをおすすめします。

▶ 回答収集プロセスの時期を決める

　1年間のどの時期に回答収集をするのがよいかは、非常によく聞かれる質問です。私は、以下の3つの条件に沿って判断するようにしています。

1. 従業員からは同じような調査に見えてしまう、社内で実施している他の調査(ストレスチェックなど)とできるだけ離れた時期を選ぶ

　エンゲージメント調査を匿名で実施する場合、近い時期にストレスチェックなど、従業員からは同じような調査に見える記名式の調査があると、回答者はエンゲージメント調査も記名式だと錯覚する可能性が高まります。回答者は、届いた調査に回答しているだけで、どれがどの調査かは明確に区別していない場合も多いためです。

2. 人事評価期間などがある場合は、その実施前・実施後をまたぐような回答収集期間設定は避ける

　人事評価の時期と回答収集プロセスが重なると、人によっては気持ちの浮沈が変わってくるので、回答データの品質に影響が出ることがあります。そのため、調査時期は、人事評価の前後いずれかにしたほうがいいでしょう。

3. 社外情報開示を考えている場合、その開示希望時期から逆算して回答収集時期を決める

　上場企業の場合、社外情報開示の時期は大切です。その場合、開示の時期から逆算して、回答収集時期を検討するといいでしょう。開示するデータはあまり古くては信憑性が薄くなります。年に1回の会計年度で報告する場合、3月決算、6月開示ならば、第二四半期の回答収集が好ましいと思われます。
　ただ、一般にはその会計年度内であれば問題はないでしょう。

　調査時期の選定にあたっては、様々な要因を考慮し、できる限り中立的な時期を選ぶことが望ましいのですが、完全に中立というのは難しいでしょう。そのため分析や対策立案時には、実施時期の背景による影響を考慮しながら検討することが大切だといえます。

▶ 回答収集時期が得点に与える影響はあるか

　回答収集のタイミングによって、エンゲージメント調査の得点が全般的に高く出やすい、低く出やすいということはあるのでしょうか。結論からいえば、そのような傾向はあります。

■高く出やすい時期の例
- 企業業績がよく、賞与もよかった年の賞与支給直後
- 将来的な業績改善につながるようなプレスリリースが出た直後

■低く出やすい時期の例
- 企業業績が悪く、賞与が悪かった年の賞与支給直後

- 将来的な業績悪化につながるようなプレスリリースが出た直後
- 猛暑期などで心理的にイライラしやすい時期（特に工場・営業等、気温の影響を受けやすい職種の比率が高い会社）

　ここでいいたいのは、得点が高く出やすい時期や低く出やすい時期に調査を実施してはいけないということではなく、**エンゲージメント調査実施の時期を恣意的に選択してはいけない**ということです。

　以前、ある会社で賞与支給直後に回答収集を希望する役員がいました。その実施時期を選択した理由は、一応納得のいくものではありましたが、一方で、前年の業績がよく、賞与が高いことがわかっていたからだと私は推測していました。

　2年目、その役員は同時期の実施ではなく、3カ月遅らせたいと提案しました。理由を聞くと、当初はなかなか明確には言いませんでしたが、最終的には、前年の業績が悪く調査結果は低めに出るだろうから、ほとぼりが冷めるまで待ちたい、ということでした。これには事務局メンバーが反対し、結果的に同じ時期に実施することになりました。

　回答収集に適切な時期を細かく探ると、押し上げ要因、押し下げ要因はいくらでも見つかります。特に上場企業の場合は、株価同様、プレスリリースの影響を受けることも少なくありません。

　大切なのは、背景事情を踏まえて分析・対策を検討することです。**2年目以降の恣意的な時期の変更は避けるべき**です。基本的には、あらかじめ設定した時期に回答収集を実施し、収集されたデータに向き合って丁寧に分析することが肝要です。

▶ 実施周期ごとの特徴

　次回のエンゲージメント調査をいつやるか、すなわち実施頻度をどうするかは、結果が出た後の対策を考える上でも重要になります。

　実施頻度ごとの特性について、今回は、1年周期、2年周期、1.5年周期、3年周期、半年周期の5パターンそれぞれの特徴を見ていきます。

●1年周期

一番多いパターンです。毎年、同時期に実施することで、季節的なバイアスを除外することができますし、最適な周期といえるでしょう。社外情報開示を考慮しても、1年周期は扱いやすいといえます。

一方、現場レベルの対策推進を考えると、留意すべき点があります。調査の結果、何らかの課題を捉え、対策を立てた場合、一般的に次の調査までに改善することが求められます。その場合、対策実施期間は実質的には7カ月程度になります。それでは対策の質によっては、充分な対策時間を確保できず、見せかけだけの対策になってしまうこともあります。

奇数年実施回は対策の見直しを求める回、偶数年実施回は対策の中間結果を確認する回にするなど、拙速な対策にならない工夫が大切でしょう。

図表 4-3-2 実施周期 1 年

→ 全体設計・設問設計　★ 回答収集　‣‣‣ データ分析・対策立案　→ 対策推進

	4	5	6	7	8	9	10	11	12	1	2	3
20x1年度							★					
20x2年度							★					
20x3年度							★					
20x4年度							★					
20x5年度							★					
20x6年度							★					
20x7年度							★					

●2年周期

2年周期でエンゲージメント調査を実施する会社もあります。調査をはじめた当初は1年周期で実施し、何回か実施した後、2年周期を選択する会社が多いように感じます。2年周期の場合、対策に充分に時間を取れます。また回答者も、「いつもエンゲージメント調査をやっている」感が和らぎます。一方、社外情報開示を考慮すると、なぜ2年に1回なのか、理由を求められる可能性があります。

1年に1回は頻回すぎる、でも2年に1回は間が空きすぎると考えている場合は、1年周期のところでもお伝えした、奇数年を本調査、偶数年を中間調査とするような取り組み方もいいでしょう。

図表4-3-3 実施周期2年

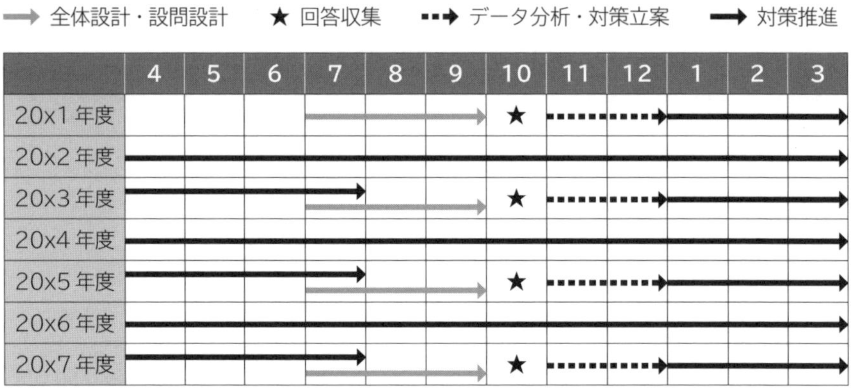

→ 全体設計・設問設計　★ 回答収集　┅▶ データ分析・対策立案　→ 対策推進

	4	5	6	7	8	9	10	11	12	1	2	3
20x1年度							★					
20x2年度												
20x3年度							★					
20x4年度												
20x5年度							★					
20x6年度												
20x7年度							★					

● **1.5年周期**

結果に対する対策期間を1年は確保したいと考えると、最適な周期といえます。回答者がある程度調査に慣れてきた会社で、対策期間を充分に確保したい場合におすすめします。

図表4-3-4 実施周期1.5年

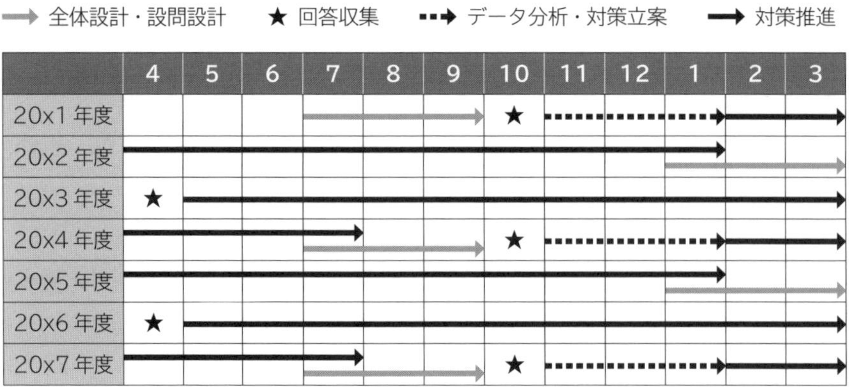

→ 全体設計・設問設計　★ 回答収集　┅▶ データ分析・対策立案　→ 対策推進

	4	5	6	7	8	9	10	11	12	1	2	3
20x1年度							★					
20x2年度												
20x3年度	★											
20x4年度							★					
20x5年度												
20x6年度	★											
20x7年度							★					

大きな欠点は、時期が半年ずれるので、分析時に背景事情の解釈の難度が上がる可能性があることです。

●3年周期

この周期は、もともと採用数が少ない上に、おそらく今後減ってくると思いますが、3年単位の中期経営計画を策定している企業では、このパターンを選択することもありえます。

●半年周期

パッケージ型でエンゲージメント調査を実施している場合、このパターンの会社も多いようです。しかし、半年周期では回答者の負担が大きい上に、大きな変化が起きることはあまりありませんので、私はおすすめしません。

エンゲージメント調査は、組織の状態、特にエンゲージメントの状態の定点変化を観測するツールですが、会社の目的や予算によって実施周期は様々です。自社に合った形で決めるといいでしょう。

4
「現状仮説」と「ありたい姿」を共有する

　実施スケジュールが決まったら、さっそく設問設計の具体的な内容について議論をはじめたくなるかもしれません。しかし、そこで拙速に進めてしまうのは得策ではありません。**調査の成否を左右するのは、事務局メンバーの参画意識と目的理解の深さ**だからです。

　そこで、まずは**メンバー全員で調査の目的や意義を共有することに時間を割く**ことをおすすめします。エンゲージメント調査をおこなう目的は何か、現状はどういう状況か、組織としてのありたい姿はどういう状態かなどについて、じっくりと議論を重ねることが大切です。

　こうした対話を通じて、メンバーは調査の重要性を腹落ちして理解し、自発的な参画意欲を高めていくことができます。単なる業務の一環としてではなく、組織のありたい姿を実現するための取り組みとして、エンゲージメント調査に臨んでもらうことが理想です。

　目的理解と参画意識が醸成されれば、その後の調査設計もスムーズに進みます。質の高い調査プロセスを実現するためにも、欠かせない作業です。

▶ 目的の理解

　主担当は、何らかの理由でエンゲージメント調査の担当になっているのですから、主観的な見解でも構わないので、**主担当者自身の言葉で、事務局メンバーと目的を共有する**ことが重要です。まずは、自分の考えを率直に伝えることで、メンバーとの議論の呼び水にしましょう。

　また、説明の中では、今後の事務局の業務にも触れておくことをおすすめします。簡単な見通しを示す程度で充分です。なぜなら調査の具体的な内容は、メンバー全員でつくり込んでいくものだからです。一方的に決めるのではなく、みんなで知恵を出し合って最適な調査を設計していく作業が、参画

意識を醸成する上で役立ちます。

　エンゲージメント調査の目的は、組織の状況や課題認識によって様々です。従業員の意識実態を把握することが目的の場合もあれば、組織変革の一助とすることが目的の場合もあります。ここで大切なのは、**メンバーが主体的に取り組みたくなるような目的を設定する**ことです。

　たとえば、「従業員の声に真摯に耳を傾け、より働きがいのある職場をつくるため」といった目的であれば、メンバーのやりがいにもつながるはずです。「会社の課題を浮き彫りにし、解決のヒント（打ち手）を見いだすため」といった目的なら、会社の未来を切り拓く挑戦と受け止められるかもしれません。しかし、「エンゲージメントスコアの社外開示が必要なため」という目的だと、従業員の本音を引き出すことよりも、表面的な数値の改善に重点が置かれているように思われてしまうかもしれません。

　いずれにしても、主担当者には、メンバー一人ひとりが当事者意識をもって取り組めるような目的共有を心がけていただきたいと思います。メンバーの参画意欲こそが、エンゲージメント調査を成功に導く鍵となります。

▶ 現状の把握とありたい姿の共有

　事務局メンバーには、現在の自社の状態について、思いのままに現状を話してもらいましょう。また、ありたい姿も併せて共有できるとよいでしょう。切り口が難しいと感じる場合は、以下の点を参考にしてください。

　なおメンバーには、所属部門や年代にとらわれることなく、知っていることを幅広く発言してもらうようにしましょう。

- 発言しやすい職場が多いと思うか？
- 職場に自由に意見を言える雰囲気があるか？
- 一人ひとりのキャリアに対して会社は適切な判断をしているか？
- 会社の将来に魅力を感じるか？
- 会社の〇年後の未来を考えたとき、最良のシナリオはどんな状態で、最悪のシナリオはどんな状態か？

- 管理職のよいところ、悪いところは何か？
  自社における管理職の共通項は？
- 役員に対して思うところはあるか？
- 自社「あるある」を共有する。
  よい「あるある」と、悪い「あるある」に分けて議論してみる。
- 経営方針に対して納得感があるか？
- 総合的に考えて、働きがいを感じる会社か？

これらの点について、現状とありたい姿、それぞれについて自由に意見を出し合うことで、現状の課題認識と将来のありたい姿を共有することができます。メンバー全員が積極的に発言できるよう、オープンで建設的な議論の場をつくることが重要です。

◆ オープンで建設的な議論の場のつくり方 ◆

オープンで建設的な議論の場をつくるにあたって、主担当はファシリテーターになる必要があります。うまくやろうとする必要はありませんが、2種類の方法を参考図書も交えてご紹介します。

【1泊2日などの充分な時間を確保して、徹底的に共有したい】

オフサイトミーティング※という手法をおすすめします。メンバー相互に深く考え方を理解しながら、現状とありたい姿について議論するために時間が確保できるのであれば、おすすめの方法です。『仕事の価値を高める会議 オフサイトミーティング』（スコラ・コンサルト対話普及チーム著、同文舘出版）が参考になるでしょう。

【通常の会議体の中で、効率的に共有したい】

『「僕たちのチーム」のつくりかた』（伊藤羊一著、ディスカヴァー・トゥエンティワン）の3章が、コンパクトにまとまっていて参考になるでしょう。

※「オフサイトミーティング」は、(株) スコラ・コンサルトの登録商標です。

> また、いずれであれ、ホワイトボードなどを活用し、議論の見える化が必要になります。そのための手法としては、『ファシリテーション・グラフィック』（堀公俊・加藤彰著、日本経済新聞出版）がおすすめです。

▶ 調査で、どんなことがわかるとよいか？

　現状の把握とありたい姿の共有ができたら、次は調査でどんなことが明らかにできるとよいかを議論しましょう。この段階では、具体的な設問を考えるのではなく、**調査を通じて明らかにしたい事柄を自由に出し合うこと**が大切です。

　たとえば、以下のような点が挙げられますが、事前に例示するのではなく、メンバーの意見を促すようにしたほうがいいでしょう。すでに現状の把握とありたい姿の共有がなされているので、よほどの警戒心がない限り、意見が出ないということはないでしょう。

- 従業員が会社の強みと弱みをどう認識しているか？
- 仕事のやりがいや満足度に影響を与える要因は何か？
- 従業員が会社に期待していることは何か？
- 組織風土や社風について、従業員はどう感じているか？
- 従業員のエンゲージメント度合いと、その結果の背景は何か？
- 部門間や年代間で、意識の差異はあるか？
- 従業員が考える理想の上司像、リーダー像とは？
- 従業員のキャリア意識や成長意欲の実態はどうか？

　これらはあくまでも一例です。経験上、この議論はかなり活発になることが多いです。目的と離れた、メンバー自身の業務都合に近い話題も出てくるくらいです。そのようなときは調査の目的に照らし合わせて整理が必要ですが、知りたいことを具体的に列挙していくことが大切です。メンバー全員が納得感をもてるよう、充分に議論を尽くしましょう。

いずれにしても、調査で何を明らかにしたいのかを明確にすることが、この後の設問設計の土台となります。メンバー全員で議論を重ね、調査の方向性を定めていくことが重要です。

この段階で充分に時間をかけて検討することで、全体の質を高め、有意義な調査に導くことができます。

▶ 外部委託するかどうかは、遅くともこの段階で判断する

ここまでの議論や意見の質、事務局メンバーの不安等を考慮し、主担当者は**プロジェクトを社内で進めるか、外部委託するかを早めに決断する**ことが重要です。

この判断が遅れると全体の進捗に影響を与え、これまでの議論が無駄になるリスクがあります。外部委託の是非については事務局メンバーとも相談し、合意形成を図りましょう。外部委託については、3章6項を確認してください。

回答対象者を決める

　回答対象者は、**役員を除く従業員すべて**にすることを、おすすめします。役員は特定の職場の長でないことも多く、また上司について問う設問に答えにくく、回答対象者としてふさわしくないと考えられるからです。しかし、取締役や執行役員だとしても、一部門の長である場合は、回答対象者としてもいいでしょう。

　また、よくご質問をいただくのは、**派遣社員を対象に含めるか**どうかです。これは、調査への回答が派遣契約範囲外業務にあたるかどうかによります。一般論としては派遣元会社に相談し、派遣社員の意思を尊重した上での合意が必要になります。主管部門等に確認の上、慎重な対応が必要です。

▶ 全数調査か標本調査か

　母集団（調査の対象になるすべての人のこと）を会社全体としたとき、その母集団に属するすべての人に対して調査をすることを**全数調査**、母集団に属する人のうち、無作為または一定のルールに沿って抽出して調査をすることを**標本調査**といいます。

　エンゲージメント調査を、標本調査で実施することも不可能ではありませんが、従業員に対する調査である以上、全員が回答してこそ説得力が増すという面もあります。標本調査の場合、「私は回答対象ではなかった」という声が一定量生まれることになり、当事者意識が生まれにくく、組織改革や問題特定に活用することは難しくなります。

　そのため、**全数調査で実施する**ことをおすすめします。たとえば、翌年度からの本格導入に向けたテストケースで実施する場合には標本調査もいいかもしれません。本書では、全数調査を前提に解説を進めますが、仮に標本調査を選択したとしても、5章以降の大筋の理解には影響ありません。

> ### ● 標本調査で実施する際の留意点
>
> 次の3つの点に注意しましょう。
>
> **●サンプルサイズの例**
>
> 　全従業員が2000名の場合、信頼水準95%（95%の確率で正確）、誤差±5%（結果のズレが最大5%程度）とすると、サンプルサイズは323名になります。SurveyMonkeyというWeb調査システム提供サイトに無料の計算システムがありますので活用してください。
> 　https://jp.surveymonkey.com/mp/sample-size-calculator/
>
> **●バイアスの回避と抽出法**
>
> 　層化無作為抽出法をおすすめします。この抽出法は、母集団をいくつかのグループに分けて、各グループから回答者を抽出する方法です。たとえばグループを役職ごとにつくるなどして抽出すれば、役職ごとの偏りは軽減することができます。
>
> **●部門別データや役職別データの限界**
>
> 　部門別や役職別のデータは、よほど上手に抽出しない限り、かなりの偏りが生まれるといってもいいでしょう。あくまで、母集団全体の傾向を把握したいときにのみ役立つでしょう。

▶ グループ会社や海外子会社も一緒に実施する場合

　エンゲージメント調査は会社の本体だけで実施する場合が圧倒的に多いのですが、国内グループ会社やグローバル子会社も一緒に調査を実施することもあります。それぞれについて簡単に解説します。

●国内グループ会社も一緒に実施する場合

　国内グループ会社が、本体の一部門とみなせるような業務をおこなっている場合、一緒にエンゲージメント調査を実施することが効果的です。以下のような状況では、まとめて実施することをおすすめします。

- グループ会社の業務内容が本体会社と密接に関連している
- グループ会社の従業員と本体会社との交流が頻繁にある
- グループ会社の従業員が本体会社に異動することが想定される

　国内グループ会社をまとめて調査することで、グループ全体のエンゲージメント状況を把握し、グループ全体の課題を特定することができます。ただし、グループ共通の設問群と各社固有設問群に分けるなど、グループ会社ごとの特性や文化の違いにも配慮が必要です。

●グローバル子会社とセットで実施する場合

　グローバル子会社とセットでエンゲージメント調査を実施する場合は、以下の点に留意が必要です。

- グローバル共通の設問群と各社固有設問群の設定
- 言語や文化の違いを考慮した調査設計
- 実施期間に関する柔軟な対応（回答収集時期が多少前後しても可）
- 各国の法規制への対応
- 結果の比較可能性の確保

　グローバル子会社を含めた調査では、各国の状況を踏まえつつ、グループ全体としての一体感を醸成することが重要です。調査結果を活用し、グローバルレベルでの課題解決や組織改善につなげていくことが求められます。

6 回答者属性を決める

　回答者属性は、従業員を特定のグループに分けるために使用されます。調査結果を分析する際は、意味のある比較や考察ができるよう、適切な項目を選んでグループ分けすることが重要です。

　代表的な属性としては、本部、部門、階層、職種、年代、性別、勤続年数、勤務地域などが挙げられます。

　回答者属性は、回答者との公開範囲に関する約束ごとでもあります。回答者は、記入した属性情報に基づいて、自分の回答がどのように集計・分析され、個人特定されてしまうかどうかを考えながら回答します。したがって、回答者属性として設定した範囲を超えた分析をおこない、結果を開示することは約束違反になります。

　もちろん、回答者が入力した属性情報のみで、グループ分けするのであれば、こういった心配は不要です。ですが、回答収集プロセスで**半匿名回答方式**[※]を採用した場合、従業員マスタとの照らし合わせが可能になるので、その気になれば、より細かい従業員属性に基づく分析が可能になってしまいます。

　たとえば、部門属性を問うていないにもかかわらず、部門別で分析するようなことができますが、これは回答者との約束を破ることになります。このような行為は回答者の信頼を損なうので注意が必要です。

▶ 属性数の目安と留意点

　回答者属性は、個人的に**3つ**をおすすめします。属性が少なすぎると、意味のある分析ができない可能性がありますが、属性が多すぎると、回答者の

※半匿名回答方式：回答データは匿名として取り扱うが、システム上は重複回答を防ぐために、個人を特定できるようになっている方式。回答方式については、6章2項で説明します。

警戒心が高まり、回答率が下がる傾向があります。

回答者属性を決定する際には、組み合わせをシミュレーションしてみてください。たとえば、「部門」「年代」「性別」という3つの属性を設定したとき、以下のように算出されるとします。

- 「技術部」「50代」「女性」というセグメントでは1名
- 「営業部」「30代」「男性」というセグメントでは20名

この場合、技術部50代の女性は、「自分しかいない」と感じ、回答を躊躇するかもしれません。一方、営業部30代の男性は、「自分の回答は特定されにくい」と感じ、安心して回答できるでしょう。

このように、属性の組み合わせによって、回答者の心理的な負担が変わってくることに留意する必要があります。少人数のセグメントができてしまうような属性の組み合わせは避け、ある程度の人数が確保できる項目の設定を心がけましょう。

私は、**セグメントの最少人数はできれば5名になるように調整**したほうがいいと考えます。

▶ 調査に対する信頼感に合わせた回答者属性の調整

企業文化によっては、まだこのような調査に慣れていない、あるいは疑念が多く、本音を言いにくい雰囲気があるかもしれません。そのような場合は、**調査初回は属性を少なめにする**ことをおすすめします。2回目以降、自由記述に書かれた内容の本音の度合いなども考慮しながら、互換性を意識しつつ、徐々に項目を増やしていくという方法も検討します。

私の経験では、思い切って属性なしでスタートした企業もありました。これでは全社傾向しか分析できませんが、初年度の結果を従業員に報告する際に、次のようなメッセージを担当役員名で発信しました。

「みなさんに安心して答えていただきたく、匿名性を考慮して回答者属性は設定しませんでした。来年度からは、部門ごと、役職ごと、年代ごとの

データが見られるようにしたいと思います。もちろん、書いた人がわからないようにする仕組みは維持しますので安心してお答えください。本調査の目的は、誰が書いたかを特定することにはありません。あくまで、**当社をよくするための打ち手を探すこと**です。ご協力よろしくお願いいたします」

2年目の調査では、告知どおりに属性を3つ設定しました。前年度の結果報告時の告知の効果かどうかは不明ですが、設定したにもかかわらず、回答率は初年度の92％から95％に上昇しました。

自由記述にて、「担当役員からの発信内容の安心感で、去年より安心して書ける」と書いてくれた人もいました。

繰り返しになりますが、あくまで**回答者が本音で回答しやすい状態を第一に考えて、回答者属性を設定する**ことが肝要です。

● 部門に包含関係がある場合の対応 ●

属性同士が、包含関係にある場合があります。たとえば、営業本部の東京支社というふうに、東京支社が営業本部に含まれる場合は、東京支社という回答だけで充分ですが、東京支社に営業本部とサービス事業本部の両方の人材がいる場合は、両方の属性を回答してもらう必要があります。選択肢の独立性に考慮して検討してください。

図表 4-6-1 包含関係になる部門属性のイメージ

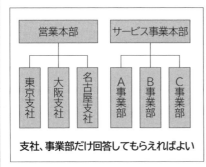

支社、事業部だけ回答してもらえればよい

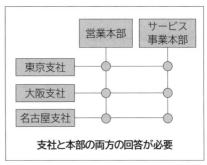

支社と本部の両方の回答が必要

7 調査名称とロゴを決める

「今年も意識調査を実施します」
「今年も"にこリサ"やります！」

どうでしょう？　どちらのほうが親しみを感じますか？　私がエンゲージメント調査をサポートさせていただく会社では、基本的にエンゲージメント調査に名称をつけることをお願いしています。最初の1年目は、名前があろうがなかろうがあまり変わらないのですが、数年経過していくと、「今年も〇〇をやるんだな」というふうに、**定番になっていく**ものです。

エンゲージメント調査に名称をつけることは調査の認知度を高め、定着させるために非常に効果的です。これにより従業員は親しみを感じやすく、記憶に残りやすくなります。また、**調査に紐づく改善活動**なども、**名称とともに自然に理解**され、調査の回答率や調査後の活動の活発化に好影響を与えることができます。

▶ **名称のつけ方**（ロゴもあることが望ましい）

名称のつけ方には、いくつかのポイントがあります。

まず、**略称をセットで考えておく**ことが重要です。略称があることで、日常的な会話の中で調査について言及しやすくなります。

以下は、過去に実際に使われた名称と略称の例です（一部、社名が判明しないように伏せ字化）。

- にこにこリサーチ ⇒ にこリサ
- 〇〇オピニオン ⇒ 〇〇オピ
- みんなのVOICE ⇒ ミンボイ

- ○○アセスメント ⇒ ○○アセス
- Will-Be インサイト ⇒ ウィルビー

　私の経験では、名称の決め方は会社によって様々です。過去の名称事例を参考にして決めた会社もあれば、自社の特徴を考慮して独自の名称を考案した会社もありました。中には、事務局メンバーでロゴを作成したり、エンゲージメント調査の意図を文章にまとめて、名称とロゴを社内公募した会社もありました。

　大切なのは、**自社の文化や特徴に合った、従業員に受け入れられやすい名称を設定する**ことです。名称を決めておくことで、エンゲージメント調査がイベントとして定着しやすくなります。調査の重要性を従業員に浸透させ、継続的な取り組みとして根づかせるためにも、ぜひ名称をつけることをおすすめします。

企業事例①
対策検討チームを立ち上げて進める

企業情報
- ■社名：株式会社ワイテック（広島県）
- ■業種：自動車部品製造業
- ■従業員数：約2000名
- ■主担当部門：総務部

▶ **インタビュー**（取締役 堀尾 光彦 氏、総務部 宇治川 真也 氏）

Q. 調査開始から対策まで、一貫して事務局をつくって対応しておられますが、意図について教えてください。

　当社は、社員の働きがい・働きやすさを定期的に調査すべく、意識調査の実施を検討していました。設問は自分たちでつくりたいと考えていましたが、進め方については冨山さんに相談することにしました。その結果、より幅広い社内情報に基づいて設計したほうがよいという助言を受けました。そこで、総務部を軸に、間接部門・工場、ベテラン・若手のバランスが取れたチームを構成し、設問設計から対策まで一貫して対応するようにしました。

　最初の集まりは広島市内のホテルで1泊2日の合宿形式で実施しました。当初は意見があまり出ないのではないかと懸念していましたが、十分な時間をかけて話し合うと、立場を問わず様々な意見が出てきて興味深かったです。また、多くの気づきもありました。若手からは、「役員と話せる機会はなかなかないので緊張したが、楽しかった」という感想もあり、合宿形式で実施してよかったと実感しています。

Q. 事務局のメンバーを多様にしたことで、役員・総務部の立場から感じた利点は何でしょうか？

　役員・総務は全社視点で考えることが多いため、誰にでも通じる表現にこだわるあまり、抽象的な意見になってしまうこともあります。一方、工場所属の社員や若手社員からは、自分たちにとってのわかりやすさの視点、たとえば、「その言葉はもう少し簡単にしないと現場には伝わらない」「表現がわかりにくい」といった指摘や、「この設問の意図を伝えるなら、こういう文章のほうがいいのでは」といった意見があります。

　このような様々な視点を踏まえて設問群をつくったからこそ、「自分たちの言葉・表現」の設問群になったと感じましたし、冨山さんからも完成度が高いと言ってもらえる設問群を構成できました。

　また、このような"手の内に入れた"設問群をもとに、事務局メンバー全員で結果を分析し、対策を考えるので、実効性の高い対策を現場に実行してもらえていると思っています。もちろん、現場によって対策の質に差があることは認識していますが、この活動が職場改善の継続的な取り組みのきっかけになればと考えています。

Q. 事務局活動を通じて、社員の成長、特に若手の成長につながりましたか？

　事務局に入ってもらった若手社員の視野が広がっていることは実感しており、成長につながっていると思います。工場所属の社員に会議に参加してもらうのは、業務調整などの面で難しい部分もありましたが、意義を丁寧に説明し、現場長の理解を得て実現しています。定期的にメンバーも入れ替えながら進めていますが、「会社はどう考えているか」「自分たちが管理側になったときにどういう視点をもつべきか」ということを、こういう会議体を通じて、感じ取ってくれればと思っています。

取材：冨山陽平（2024年5月24日）

4章のまとめ

➡エンゲージメント調査の全体設計は、調査目的の設定、調査対象者の選定、回答収集期間の決定など、調査の大枠を丁寧に定めていく作業である。事務局メンバーで充分に議論し、自社に最適な調査設計をおこなうことが重要である。

➡事務局メンバーの選定においては、会社の全体像が描けるようなメンバー構成を心がける。またメンバー全員で調査の目的や意義を共有し、現状の課題認識と将来のありたい姿を議論することで、参画意識を高めることが大切である。

➡調査全体のスケジュールを組む際には、報告日と回答期間を基準に設定する。また回答収集の時期は、他の調査や人事評価の時期などを考慮し、できる限り中立的な時期を選ぶことが望ましい。

➡回答対象者は、原則として役員を除く全従業員とする。グループ会社や海外子会社も一緒に実施する場合は、各社の特性や文化の違いに配慮しながら、グループ全体としての一体感を醸成することが重要である。

➡回答者属性の設定は、回答者の答えやすさへの配慮と調査目的達成のバランスを考慮しておこなう。属性数は3つ程度が目安であり、少人数のセグメントができないよう留意する。また、調査名称とロゴを設定することで、調査の認知度を高め、定着させることができる。

Column こんな大切なことを自分たちだけで決めてよいのか……

「全体設計プロセスで議論した内容を振り返ると、結構大きな動きにつながるんじゃないか？」
「役員や部門長に対して自分たちが説教するようなことになるのか？」

といったようなある種の懸念や誤解が、事務局メンバー各人の心に生まれることがあります。穏やかな会社で特にありがちなのですが、さぁいよいよ設問をつくっていこう、選択していこうという段階に入っていくときに、「本当に、自分たちだけの考えで決めていいのだろうか……もっと広く意見を聞いたほうがいいんじゃなかろうか」といったような意見が出て、及び腰になってしまうのです。

企業規模やメンバーの選び方にもよりますが、2000人相手の調査を6人でつくろうとしたときに、その責任を自分たちで負うことに負担感を感じてしまう場合もあります。

そんな可能性が想定される会社の場合は、担当役員や部門長のひと押しが必要です。「君たちが責任をもって決めていい。君たちが決めたものに対して、我々は全力でサポートする」という声かけは効果があります。

上役の方は、そういったプレッシャーをものともせずに今の地位にいる人も多いので、若手の気持ちが理解できないこともあります。

最近は、以前よりも批判が耳に入りやすくなり、SNSの影響もあって、「批判されるのではないか？」ということに過敏な人が増えています。そういった事情も踏まえ、メンバーが自信をもてる環境をつくってほしいと思います。少し背中を押してあげるだけで、事務局メンバーの成長につながる機会にできると考えています。

5章

設問設計プロセス
──わかりやすい設問文の つくり方

● ○ ◆ ◇ ●

　エンゲージメント調査の設問群を検討する過程は、ある意味では楽しい作業ですが、この作業を野放図に進めてしまうと、分析段階で設問設定の意図が不明確になるなどの問題が生じることがあります。

　本章では、設問群を構成する際の留意点について解説します。設問群全体の構成から、設問文一つひとつの表現に至るまで、調査目的に沿った適切な設問設定のポイントを説明します。

　また、回答者の視点に立った設問文の作成方法など、設問設計の実践的なテクニックについても触れます。これらを踏まえることで、分析段階で活用しやすく、調査目的に合致した設問群を構成することができるでしょう。

1 全体設計に基づいた設問群の構成

　エンゲージメント調査では、様々な論点から考えた設問を設定し回答してもらうわけですが、その設問の集合体を設問群といいます。

　設問群は、次の5章2項で説明する設問設計コンセプトに沿って作成していきます。その前に、大まかな作業工程や心構えに触れておきましょう。

図表 5-1-1 設問設計の流れ

指針作成	どういう方針で設問群を構成していくかの道しるべとなる「設問設計コンセプト」を作成する。
材料集め	事務局メンバーそれぞれが、「こういうことを聞いてみたい」という意識で、制約せずに書き出していく。
分類	設問設計コンセプトに沿って分類する。また、この際に、エンゲージメントスコアに直結する設問を確定させる。
抽出	回答者負担と分析のバランスを考慮し、設問数を確定し、抽出する。
整形	それぞれの設問を、どういう回答選択肢を設定して問うかを整理する。
確認	設問文を整形し、自社の従業員にわかりやすい表現に仕上げる。

▶ 初回から完璧な設問群を目指そうとしない

ここで注意したいのは、最初から「完璧な」設問群を目指そうとしないことです。その意識が生まれると、無難な表現を求める方向に向かうようになり、設問文の表現が抽象化しがちです。

多くの場合、1回目のエンゲージメント調査を実施した後に、「こんな設問についても聞いておけばよかった」「この設問とこの設問は重複感があった」など、様々な反省点が見つかるものです。しかし、この反省点こそが、次回以降の調査設計を改善するための貴重な材料となります。

つまり設問群の構成プロセスは、PDCAサイクルそのものです。調査を実施し（Do）、反省点を見つめ（Check）、次回の設問修正に活かしていく（Act）ことで、設問群の質は向上していきます。このサイクルを繰り返すことで、組織に最適な設問群をつくり上げることができます。

▶ 設問文内の微妙な言葉の言い回しを気にしよう

カスタマイズ型のエンゲージメント調査の魅力は、その会社の価値観を問うような設問や現在直面している課題に沿った設問を設定することで、組織にフィットした調査をつくり上げられることにあります。

もちろん、設計力に依存する部分はありますが、私の経験からいえば、全体的に似たような設問群になった会社も少なくありません。しかし、設問文一つひとつの細部には違いがありました。実は、その**微妙な違いこそが回答者にとって違和感なくスムーズに答えられる秘訣**なのです。

不思議なもので、その会社ならではの文体や言い回しというのが存在します。そういった細部にこだわるのは無駄と感じるかもしれませんが、回答者にとってスムーズに答えられるようにすることは、質の高い調査を実現するために非常に重要なことです。

2

【指針作成】
設問設計コンセプトをまとめる

　設問設計コンセプトは、設問群を設計する際の指針となるものです。このコンセプトは、経営戦略や人材戦略と連動する中長期的な視点で策定するものであり、エンゲージメント調査の一貫性と継続性を維持するために重要な役割を果たします。設問設計コンセプトは**目的、計測構造、理想的な状態のストーリー**（高得点時の社内の状態）、**最悪な状態のストーリー**（低得点時の社内の状態）の4つの要素を含めるとよいでしょう。

図表 5-2-1 設問設計コンセプト例

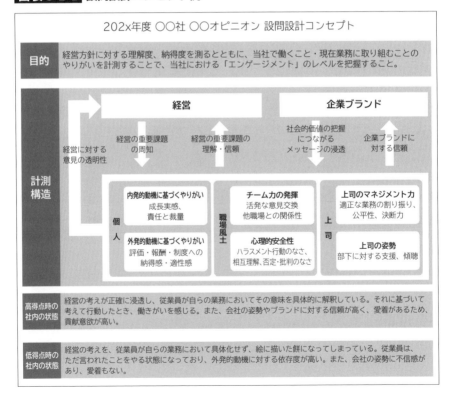

計測構造とは、組織のどういう部分に着目し、設問をつくるかを示した図です。設問をつくる前段階では、なかなかつくるのが難しいと考える人もいると思います。その場合、仮でもいいので思いつく範囲でつくり、設問をつくっていく過程で、この計測構造部分を適宜修正していくようにしましょう。

これは指針ですから、大枠は固定的でありたいですし、頻繁な変更は避けるべきですが、経営戦略や人材戦略が変更になった際には、見直しをすることが重要です。変更が必要になるのは以下のような状況が考えられます。

- 会社の経営方針や人材戦略が大きく変更された場合
- 設問設計コンセプトに記載されている用語が変更された場合
- エンゲージメント調査の目的や計測する構造に変更が生じた場合

設問群を本部や部門ごとに分割したい場合

大企業などで、すべての本部や部門に同じ設問を適用するのが難しい場合、以下のように設問群を構成することも検討します。
- A本部：全社共通設問（設問数30問）＋A本部固有設問（設問数20問）
- B本部：全社共通設問（設問数30問）＋B本部固有設問（設問数40問）
- C本部：全社共通設問（設問数30問）＋C本部固有設問（設問数30問）

全社共通設問と各本部固有設問を組み合わせることで、組織全体の状況と各本部の特性を同時に捉えることができます。しかし、細分化を進めすぎると部門間や階層間の比較が難しくなり、組織全体の状況を把握することが困難になります。

たしかに、細分化したほうが、それぞれの状況に合ったものになるという意見もあるでしょう。ですが、エンゲージメント調査の目的は、**組織全体の状態を把握し、共通の課題を特定する**ことにあります。設問群を細分化しすぎると、この目的を達成することが難しくなってしまうので、極力、**共通設問の割合を高くするように努める**ことをおすすめします。

3

【材料集め】
設問候補を集める

　設問群をつくる過程で重要なのは、最初に制約を設けすぎないことです。「設問文はこうつくる」「設問数はいくつ」というふうな制約は設けず、設問設計コンセプトに沿って、事務局メンバーで思いつく限り自由に設問をつくっていきます。

　設問設計コンセプトのどこに焦点を当てるかは、各事務局メンバーが、所属する部門で何を課題と感じているかによるでしょう。この一人ひとりの偏りはまったく問題ありません。各メンバーが自分なりの視点で設問をつくり上げることが設問群の質に好影響をもたらします。

　たとえば、次のように内容の詳細度や文体に温度差がある設問が集まっても、まったく問題ありません。

- あなたは、みんな安全意識が高いと思いますか？
- あなたは、元気に働けている？
- あなたは、経営方針における「〇〇」と「△△」と「□□」を理解して行動し、また周りもそれができていると思いますか？
- 私は、この会社で働いていてやりがいを感じています。
- この会社が好きだ。

　枠にとらわれずに自由に発想してもらうことで、各メンバーの創造性を最大限に引き出すことができます。後で整理することを前提に、自分がもっとも考えやすい形で自由に書いてもらうのがよいでしょう。

　枠にとらわれずといっても、枠があるほうが考えやすいメンバーもいると思います。その場合は、次の2つを提示してみましょう。

- 設問設計コンセプトの項目に合わせて、それぞれ分類ごとに5つずつ考

えることを提案する
- コンセプトに加えて、図表 1-6-1、図表 2-4-1、図表 2-4-2 に示した一般的なエンゲージメントの構成要素を伝える

アイデアを出すのがあまり得意ではないメンバーがいる場合は、次のような具体的な問いかけから考えてもらうなどの工夫が効果的でしょう。

- 社内の親しい人とのランチや飲み会の場で話題になった会社や職場のグチなどで参考になることはないか？
- 自分が仕事でやりがいを感じた（やる気が失せた）のは、どんな経験だったか？
- 自分がいい会社だな（職場・上司・制度など）と感じたのはどんなときだったか？

設問群の作成は、エンゲージメント調査の成否を左右する重要なプロセスです。メンバーの創造性を最大限に引き出し、組織の実情に即した設問を集めることが求められます。

自由な発想を大切にしつつ、設問設計コンセプトに沿った設問群を構成していくことが肝要です。

4

【分類】
設問設計コンセプトに沿って分類する

　前項の作業でかなりの設問が集まっていると思いますので、これらを順を追って整理していきます。
　第一段階として、エンゲージメントスコアに直結する、総合的な設問を確定させます。集まった設問の中にある場合もあれば、新たに考える場合もあろうかと思います。いずれにしても、総合的な設問は社外情報開示の際に、「エンゲージメントスコア」として扱われる設問だと考えて設定します。

▶ 第1段階：総合的な設問の確定

　設問群において、もっとも重要な、軸になる設問、いわゆる**「総合的な設問」を1問または2問**決めます。この設問は、設問設計コンセプトの目的や、高得点時の社内の状態を表わすキーワードから導き出します。
　この設問は調査の中核をなす設問です。長期的に継続して使用することを前提に、一番問いたい設問を据えましょう。たとえば私が実施した中では、以下のような設問が、総合的な設問として設定されたことがあります。

（設問例1）あなたは、総合的に見て、働きがいを感じている。
（設問例2）あなたは、総合的に見て、当社で働き続けたいと思っている。
（設問例3）あなたは、総合的に見て、当社に愛着を感じている。
（設問例4）あなたは、総合的に見て、当社の事業に魅力を感じている。
（設問例5）あなたは、総合的に見て、この1年で当社がよい方向に変わったと思う。

　これらの設問は、組織の目指す方向性への共感や従業員のエンゲージメントの本質を問うものです。総合的な設問を軸に、他の設問を配置していくこ

とで、全体として整合性のある設問群を構成できます。

▶ 第2段階：設問の分類

　総合的な設問を軸に、設問を分類します。その際には、**「大分類」「小分類」「主体」**という3つのラベルを貼っていくといいでしょう。「仮ID」と「作成者」を付与しておくと、抽出・整列などの管理が楽になります。

　感じている課題をそのまま設問文案にする人もいれば、自分なりに整理した文案にする人もいますが、ここでは一切の整形をせずに、順番もランダムでいいので分類していきます。

　なお、本分類以降の設問群を構成していく作業は、Microsoft Excel や Google Sheets などの表計算ソフトを活用すると便利です。

図表5-4-1　分類一覧

	仮ID	作成者	設問文案	大分類	小分類	主体
軸になる設問	1	事務局	あなたは、総合的に見て、働きがいを感じている。	総合的な設問	総合的な設問	個人
	2	事務局	あなたは、総合的に見て、当社の事業に魅力を感じている。	総合的な設問	総合的な設問	個人
	3	織田	あなたは、当社の社員であることを、どの程度誇りに感じていますか？	内発的動機	誇り	個人
	4	豊臣	飲み会への参加を強要される空気感がある？	心理的安全性	ハラスメント	職場
	5	源	語学力をつけたい	内発的動機	自己啓発	個人
	103	源	上司は、あなたの話を聞いてくれる	上司の姿勢	傾聴	上司
	104	徳川	あなたの部長は、役員に部の課題を正確に伝えている	上司のマネジメント力	改善力	上司
	162	源	会社の意思決定のスピード感がたりない	経営	意思決定	会社
	163	足利	現在の人事評価制度に満足している？	経営	人材管理	会社

5

【抽出】
設問数を確定し抽出する

次は、抽出の作業に入ります。抽出作業も2段階で実施します。まずは総設問数を確定し、分類した設問から抽出する作業をおこないます。

▶ 第1段階：総設問数の確定

かなりの設問が集まっていると思いますが、まずは総設問数を確定させます。ところで、自分が何かのアンケートに回答した経験から、次のような気持ちになったことはありませんか？

- **気軽さがない**：設問数が多すぎて、途中から「面倒くさい」と感じた。
- **明快さがない**：設問文章の意図がつかみにくく、回答意欲が失せた。
- **インセンティブがない**：報酬がないアンケートの割にページ数が多く、回答意欲が失せた。

エンゲージメント調査でも同様の心理が働きます。金銭的報酬はありませんが、真摯に回答すれば組織の改善につながるかもしれないと感じられれば、それがインセンティブ（参画報酬、貢献報酬）になり得ます。

設問数を考える上で、特に「気軽さ」がキーポイントになります。回答者の負担を最小限に抑えるなら、1問が理想ですが、そのような調査では分析の意味がありません。適切な設問数は、**一般的に30問〜70問程度**だと考えています。設問量を調整する際には、以下の3つの要素を判断材料とすることをおすすめします。

1. 調査に対する信頼度はどの程度か
2. 調査回答への手間をどの程度感じるか（アンケートの慣れ）

3. 調査回答の心理的安全性

1は、特に、目的周知の質や前年調査実施時の事後対応の質に影響を受けます。目的周知については6章5項で述べますが、たとえ丁寧に説明しても、その内容が全従業員に正しく浸透するかは組織のコミュニケーション体制次第です。特に1年目は、説明の効果が限定的であることを踏まえ、設問数を控えめに設定することも検討しましょう。

2の「手間」は、かなり重要な要素です。日常的に文章の読み書きやメールのやりとりが多い職種、大学院卒が多い職場など、文章に抵抗感がない環境であれば設問量が多くても問題はないでしょう。一方、そうでない場合は、「多い」と感じる設問数は少なめになると考えたほうが賢明です。

3の「心理的安全性」については、従業員が職場の風土が良好でないと感じている場合、設問数は少なめに設定したほうがよいでしょう。回答者属性と同様に、細かく聞かれすぎると答えにくさを感じるものです。分析の質は多少下がるかもしれませんが、回答者の心理的負担を軽減することを優先したほうが、結果的に正しく分析できる可能性が高まります。

これら3つの要素の関係性については、図表4-1-1で整理していますので、改めて確認してください。

設問数の設定は、**回答率や回答の質に直結する重要な要素**です。回答者の立場に立ち、組織の特性を踏まえて、適切な設問数を見極めることが肝要です。回答者にとって適度な負荷となる総設問数を目指しましょう。

▶ 第2段階：設問の抽出

図表5-4-1でまとめた一覧を基に、事務局メンバーが設問設計コンセプトと照らし合わせながら、設問の絞り込み作業をおこなっていきます。次項の設問整形過程で、設問文が増えたり減ったりすることがあるため、第1段階で決めた**総設問数±5問程度に収まるように抽出**します。

どんな方法で抽出作業を進めてもいいのですが、私がおすすめする方法は、事務局メンバーそれぞれが、自分が気に入った設問を選定し、その後、全員

で議論をして最終決定するという方法です。

まず、メンバーそれぞれが、自分以外のメンバーの設問も対象に、推奨する設問を選びます。自分がつくった設問も含めて他者がつくった設問を見ると、「あぁ、これもいいな」「これと比べると、私がつくった設問はいらないな」というふうに、ひとつ広がった視野で確認することができます。この過程で、自分の設問を客観的に見直すことができ、他者の視点を取り入れて修正することもできます。

次に、各自が推奨した設問を事務局メンバー全員で眺めながら、議論を重ねて最終的な設問候補を決定します。いきなり全体の議論をしてしまうと、人の意見に引っ張られてしまいますが、いったん各自で選定し、それを持ち寄ってみると、**意外とメンバーそれぞれで着眼点が違う**ことがわかります。その後に全体の議論をしたほうが、意見に幅が出るため、質の高い設問群になる可能性が高まります。

特に、事務局メンバーの年齢幅が広かったり、役員から一般社員まで幅広くメンバーになっている場合には、このようなプロセスを踏むとよいと考えます。

また、取捨選択作業を進める中で、意見が割れるケースもあると思います。そのような場合に備えて、**判断を一任するメンバーを決めておく**とよいでしょう。最終的な決定権をもつ人を明確にしておくことで、スムーズに作業を進められます。一般的には主担当者がその任を担いますが、本工程の担当を決めているようであれば、その人が担ってもいいでしょう。

設問の取捨選択は、エンゲージメント調査の質を大きく左右する重要な作業です。事務局で活発に議論し、知恵を出し合いながら、最適な設問群をつくり上げていきましょう。

しかし、完璧を目指すあまり、作業が停滞しないように注意が必要です。柔軟な姿勢をもち、設問設計コンセプトを見失わずに、円滑に作業を進めていくことが大切です。

6

【整形】
設問文を整形する

　設問候補の選定が終わったら、次は設問文を整形する段階に入ります。整形作業では、設問の種類を適切に選択し、設問文自体をわかりやすく洗練させることが重要です。

　設問の種類によって、設問文のつくり方や回答方法の選択肢が変わるため、整形作業をはじめる前に、**設問の種類について理解を深めておく必要が**あります。そこで、まず設問の種類について説明した上で、その知識を踏まえて設問文の整え方と設問の種類の選択法について話を進めたいと思います。

▶ 設問の種類を理解する

　エンゲージメント調査で利用する設問は、主に次の5種類です。

　エンゲージメント調査において、過去との比較、すなわち経年比較はもっとも重要です。そのため、点数化可能な「**段階評価設問**」を、設問群の8割超になるように設定します。このうち、特に深く確認したい設問について、「**単一選択設問**」「**複数選択設問**」「**短文自由記述**」のいずれかを用いて補足的に確認します。そして独立的に、「**長文自由記述**」を1問から2問設定します。これは、総合的な設問と連動する形で設定する場合もあれば、「会社に伝えたいことがあれば自由にお書きください」といった形で、自由な設定にする場合もあります。

　では、それぞれの設問の種類について、簡単に説明していきます。

●段階評価設問

　ある設問に対して、「非常に当てはまる、当てはまる、どちらともいえない、当てはまらない、まったく当てはまらない」など、**あらかじめ設定された明確な評価段階（リッカート尺度）に沿って回答する設問種**です。回答を

図表 5-6-1 設問の種類ごとの特徴

設問の種類	特徴	全設問数が60問のときの各設問数の目安	点数化の可否
段階評価設問	「非常に当てはまる」〜「まったく当てはまらない」の評価段階からひとつ選択する設問。点数化できるので、経年比較ができる。総合的な設問は、必ず段階評価設問である必要がある。	54問	○
単一選択設問	任意の選択肢から1つだけ選択する設問。選択肢同士に順序がないので、点数化はできない。一般的に、段階評価設問のどれかひとつに紐づけて設定することが多い。	合わせて2問〜3問程度	×
複数選択設問	任意の選択肢から複数選択する設問。選択肢同士に順序がないので、点数化はできない。一般的に、段階評価設問のどれかひとつに紐づけて設定することが多い。		×
短文自由記述	段階評価設問のうち、特に深掘りしたい設問に対して、50字程度の短文で、具体的なことを回答してもらう設問。	2問程度	×
長文自由記述	設問群全体を通じて、回答者に総合的な視点から答えてほしい設問を設定する。そのため、総合的な設問と連動させていることもある。概ね400字程度がよい。	1問〜2問	×

点数化しやすく、過去との比較（経年比較）を明示する際に重要であるため、エンゲージメント調査の設問群の中でもっとも多く採用されます。

リッカート尺度では、5段階がもっとも多く使用され、次いで7段階が用いられることがあります。中間点を設けない尺度（偶数個の尺度）や段階数が少ない尺度を用いている調査も見かけますが、以下の理由から私は適切ではないと考えています。

- 中間点を設けない4段階や6段階のリッカート尺度は、回答者に肯定・否定の明確な意見を求める場合に用いられます。しかし、中間点がないと、回答者が判断に迷う設問に対して、「どちらともいえない」、あるいは中立的な選択肢を選ぶ機会を奪ってしまうことになります。
- 2段階や3段階のリッカート尺度は、段階数が少なすぎるため、回答者の意見を充分に捉えることができません。

私が実施するときは、特段の要望がない限り、5段階を採用しています。7段階はエンゲージメント調査としては細かすぎて、分析上有用と感じたことがないからです。

　本書でも、段階評価＝5段階のリッカート尺度として説明します。

> ● 「わからない」を選択肢に加えるかどうか ●
>
> 　「わからない」を選択肢に加えるメリットは、そもそも設問が自分の業務に該当していない場合や設問に対して充分な知識や理解をもっていない場合に、無理に5段階の選択肢の範囲から選ばなくて済むことです。これにより、回答者の負担を軽減し、より信頼性の高いデータにつながります。また、「わからない」の選択率が高い設問を特定することで、設問自体の改善に役立てることができます。
>
> 　ただし、「わからない」を含めることで、リッカート尺度の統計分析が複雑になる可能性があります。「わからない」を選択した回答者のデータをどのように処理するかについて、慎重に検討する必要があります。
>
> 　私は、「わからない」は設定せず、中立的な選択肢（どちらともいえない）に回答してもらう方針をとっています。

●単一選択設問

　「あなたが、もっとも大切だと感じている福利厚生制度を選択してください」というような設問に対して、回答選択肢を用意し、その中からひとつだけ回答してもらうように設定します。段階評価設問と異なり、選択肢に順序がつけられないことが特徴です。

●複数選択設問

　「あなたが、大切だと感じている福利厚生制度をいくつでも選択してください」というような設問に対して、回答選択肢を用意し、その中からいくつで

も選択してもらう設問です。選択数に制限をかける場合もあります。

● **短文自由記述**

ある段階評価設問に対して、「その選択肢を選んだ理由を簡単に教えてください」など、短い補足的な回答を得たい場合に用います。最大50字くらいが適切だと考えます。

● **長文自由記述**

「会社に対して意見があればお書きください」という形など、長文で自由に回答してもらうための設問です。長文とはいえ、400字や1000字に制限することが一般的です。「そんなに書く人はいないでしょう……」と思われるかもしれませんが、字数制限をしない方針で実施した会社では、Excelシートの1セルに収まらないほど（約3万字以上）記載した人がいて困ったことがあります。これは原稿用紙70枚分以上に相当します。

中には自身で作成したPowerPointのファイルへの共有リンクを貼る人もいました。様々な回答者がいるものです。

> ● **自由記述は設定するべきか？　せざるべきか？** ●
>
> 設問群を構成する際、クライアントから必ずといっていいほど聞かれる質問のひとつに、「自由記述を設定するか否か」があります。
>
> 自由記述を設定すれば、回答者が自由に意見を書き込むことができるため、場合によっては見たくないような回答が書かれることもあります。
>
> 私の経験では、自由な意見を積極的に求めたいと考える会社は、できるだけ多くの自由記述を設けようとする傾向があります。一方、消極的な会社は、「対応できないことを書かれたらどうするのか」「対応できないと、かえって従業員の失望を招くのではないか」「何を書かれるかわからないし、どうせ文句ばかりしか書かないから」といった懸念を抱いています。
>
> 手軽にエンゲージメント調査を実施し、スコアだけを出したいと考えている会社の中には、自由記述を一切設定せずに実施しているところもある

ようです。しかし、私はそのような対応は従業員に対して真摯であるとは思えません。問題の本質に迫ろうとせず、対策する意思がないように感じます。

変化を的確に捉えるためには、いくつかの論点で自由記述を設定し、回答の背景を理解しようと努めることは不可欠だと考えています。**自由記述は、点数化された結果の背景を探り、改善につながる打ち手のためには極めて重要**な役割を果たします。

また、匿名性の担保のために回答者属性を細かく聞かない場合は、自由記述が大きな役割を果たすこともあります。

▶ きちんと伝わる設問文への整形

回答者が設問の意図を正確に理解し、適切な回答を選択できるようにすることが重要です。ここでは、設問文のつくり方について、いくつかの重要なポイントを解説します。

1. 設問の解釈が一意になるようにする

設問文は、回答者によって解釈が様々にならないように、明確かつ具体的に記述する必要があります。複数の解釈が可能な設問は、回答者を混乱させ、調査結果の信頼性を低下させる原因となります。設問文を作成する際は、回答者が設問の意図を正しく理解できるよう、主体と対象など、論理構造に注意を払いましょう。

　（NGな例）「将来に不安を感じている」
　　　　　　⇒「誰が」「何に対して」かわからない
　（OKな例）「あなたは、当社の将来に不安を感じている」

2. 複数の要素を含む設問の扱い（論理構造に注意する）

やむを得ず2つ以上の要素をひとつの設問に含める場合は、それらの要素が「かつ」で結ばれているのか、「または」で結ばれているのかを明確にする

必要があります。「かつ」で結ばれている場合は、すべての要素が満たされている状態を指します。一方、「または」で結ばれている場合は、いずれかの要素が満たされている状態を指します。

少し文章がくどくなったとしても、これらを明確に区別することで、回答者の誤解を防ぐことができます。設問を分けられればそのほうがいいのですが、設問数に制限があるので、まとめざるを得ない場合もあります。

(NGな例) あなたの職場では、失敗事例の共有において「誰がやったか？」「なぜ起きたか？」に着目している。
⇒両方（かつ）なのか、どちらか（または）なのかが不明確

(OKな例) あなたの職場では、失敗事例の共有において「誰がやったか？」と「なぜ起きたか？」の両方に着目している。

3. 主体を明確にした設問文

設問文では、主体を明確にすることが重要です。「あなたは」「あなたの上司は」「あなたの職場では」「あなたの会社では」など、主体を明示する言葉で文章をはじめることをおすすめします。これにより、回答者は自分の立場から設問を考えることができ、より正確な回答が期待できます。

4. 否定文の設問（逆転設問・反転設問）

否定文を用いた設問は、逆転設問または反転設問と呼ばれます（本書では、逆転設問と呼びます）。できるだけ、逆転設問ではない形が望ましいですが、"不安"について確認するなど、逆転させたほうが設問の意図が伝わりやすい場合もあります。

5. 判断に迷いやすい言葉の定義

「上司」や「職場」など、回答者によって判断に迷いやすい言葉がある場合は、言葉の定義を回答画面で記載するようにしましょう。

以上が、設問文のつくり方についてのポイントです。これらの点に留意しながら、回答者にとってわかりやすく、答えやすい設問文を作成することが

求められます。とはいえ、完璧な設問文を作成することは容易ではありません。回答収集・分析を経た後に、設問文の問題点に気づくこともあります。私も今まで何回もそうした経験があります。

> **同じ主旨の設問文で、対象者によって設問文を一部変更することは是か否か**
>
> 同じ主旨の設問文であっても、対象者の所属部門や職種によって設問文を一部変更することは、回答者にとってより適切な理解を促すために有効であると考えます。
>
> 各部門や職種には、固有の業務内容や使用される用語があります。設問文をそれらに合わせて適切に改編することで、回答者は設問の主旨をより正確に理解し、自分の状況に即した回答ができるようになります。
>
> たとえば、間接部門と直接部門では、その業務内容によって、設問文を双方に合わせにくいこともあります。同じ設問文でも、それぞれの部門に合わせて一部の表現を変更することで、より正確なデータが得られる可能性があります。たとえば下記のような事例です。
>
> 【間接部門】あなたの職場では、自身の業務の目的が何かを理解することに力を入れている。
> 【製造部門】あなたの職場では、良品(アウトプット)が何かを理解することに力を入れている。
>
> これが一緒とみなせるかどうかは、会社によって判断が分かれるかもしれません。学術的な観点からも、「設問文は一切変えてはいけない」という主張と、「設問文は対象者に合わせて変更することが好ましい」という主張の両方があります。私は、社内調査の特性を考え、分析目的に対して、回答者の同等の理解を得るほうが重要と考えますので、変更は是とする立場です。
>
> ただし、**設問文の変更はできるだけ最小限にとどめる**ことが重要です。

変更が大きすぎると、設問の主旨が損なわれたり、部門間や職種間の比較が困難になる恐れがあります。変更する際は、設問の主旨を充分に理解した上で、必要最小限の修正にとどめましょう。

2回目以降の調査で設問文修正はしてもよいか

2回目以降の調査で設問文を修正するかどうかは、慎重に検討する必要があります。設問文を修正することで、経年比較に影響が出る可能性があるためです。

設問文を修正する主な目的は、回答者により正確に質問の意図を伝えることです。前回の調査で使用した設問文が回答者に誤解を与えていたり、意図が明確でなかったりした場合、設問文を修正することで、より正確なデータを収集できるようになります。この点では、設問文の修正は許容されると考えられます。

ただし、設問文を修正すると、厳密には前回の調査結果との比較が難しくなります。設問文の変更によって、回答者の解釈や回答傾向が変わる可能性があるためです。したがって、設問文を修正した場合、単純な経年比較はできないといえます。

しかし、設問文を修正した旨を明示し、修正による影響を考慮しながら結果を解釈することで、ある程度の経年比較は可能だと考えます。修正の内容と理由を明確にし、結果の解釈には注意を払う必要がありますが、合理的な範囲であれば問題ないと私は考えています。

設問群の完成

　設問群は、Web調査システム（Web調査票）への設問文入力や紙面調査票の作成時にミスが起こりにくいよう、図表5-7-1のように整理します。

　大分類ごとに回答しやすい順番を考慮して並べ、最後に総合的な設問を置いて完成させます。

　ここではスペースの都合上、最小限の設問文しか紹介していません。読者Web特典において追加情報を提供する予定ですので、ご参照ください。

●2回目実施以降、設問群を修正する際の注意点

　2回目以降、設問の追加、修正、削除など、設問群に対して様々な変更を加えることがあります。このような変更を適切に管理するため、以下に設問を管理する上での注意点を列挙します。

- 新しい設問を追加する場合は、新規IDを付与する（初回でX60まで使ったとしたら、2年目以降の追加設問はX61から使用）
- 設問文を微修正する場合は、修正内容の履歴を残す
- 設問を削除する場合は、削除した設問を別シートに移動させるなど、追跡可能な状態を維持する。これにより、数年後に類似の設問を新規設問として誤って追加してしまうことを防ぐ

　このように、長期管理の視点から、設問IDを毎年振り直さず一貫性を保つことで、経年比較グラフ作成時の混乱を防ぎます。ただし、この方法により、設問IDに抜け番が生じたり（例：X07の次にX09）、順不同になったりすることがあります。グラフにしたときに違和感を覚えるかもしれませんが、データの正確性と一貫性を確保することを優先してほしいと思います。

図表 5-7-1 設問群一覧のイメージ

ID	設問文案	大分類	小分類	主体	種別	必須	逆転	選択肢
X01	あなたは、自分の存在を認めてもらっていると感じる。	内発的動機	承認	個人	5段階	○		
X02	あなたは、社内に「目標にしたい」もしくは「尊敬している」人がいる。	内発的動機	目標	個人	5段階	○		それぞれの設問の選択肢を各行に記載しておく。
X03	あなたは、当社で働くことで自分が成長すると実感している。	内発的動機	成長実感	個人	5段階	○		
X12	あなたの職場では、関連部門と同じゴール（目的）を共有して仕事を進めている。	チーム力の発揮	他部門との協調	職場	5段階	○		
X13	あなたは、他部門との連携が、どのようにしたらより良くなると思いますか？	チーム力の発揮	他部門との協調	職場	短文			
X41	あなたの上司は、公平かつ客観的に部下のことを考えていると思う。	上司の姿勢	公平性	上司	5段階	○		
X51	あなたは、当社の将来に不安を感じている。	経営	将来性	個人	5段階	○	○	
X58	あなたは、総合的に見て、働きがいを感じている。	総合的な設問	総合的な設問	個人	5段階	○		
X59	あなたは、総合的に見て、当社の事業に魅力を感じている。	総合的な設問	総合的な設問	個人	5段階	○		
X60	あなたが、日常感じている職場の「良いところ」についてお書きください。	総合的な設問	総合的な設問	会社	長文			

生成AIで設問群をつくる場合の メリット・デメリット

　現在は生成AIを使う場面が徐々に増えてきており、設問を構成していく過程でも生成AIに頼る場面が多くあると思います。たとえば、本章3項「材料集め」の段階でも、メンバーによっては生成AIに頼りつつ案を提示する方もいるかもしれません。

　そんな便利な生成AIですが、当然ながらメリットとデメリットがあります。有用なヒントを得られる場合もありますから、下記を参考にしつつ、上手に使っていただければと思います。

生成AIを用いて設問群を作成する主なメリット

1. 効率的な設問生成

　生成AIを活用することで、短時間で大量の設問を作成することができます。人手で設問を作成する場合と比較して、時間とコストを大幅に削減できる可能性があります。

2. 多様な設問パターンの生成

　生成AIは、大量のデータを学習することで、様々な設問パターンを作成することができます。人間の発想では思いつかないような設問も提案してくれる可能性があり、設問群の多様性を高めることができます。設問設計コンセプトを読み込ませることで、多様性に富んだ設問案を提示してくれるかもしれません。

3. 設問群の網羅性や設問文の明快さのチェック

　最終的に完成した設問群に対して、重要な観点が網羅されているか、また、一つひとつの設問文がわかりやすいものになっているか、チェックしてもらえる可能性があります。

生成AIを用いて設問群を作成する主なデメリット

1. 情報漏洩リスク

　機密情報や個人情報を含むデータを入力しないようにしましょう。特に、エンゲージメント調査の設問作成では、組織内の詳細な情報を扱う可能性があります。これらの情報が意図せず生成AIプロバイダに共有されたり、学習データとして利用されたりすると、情報漏洩のリスクが生じます。

　また、AIを利用するためのインターフェースやAPI等に脆弱性がある場合、外部からの不正アクセスによって情報が流出する危険性もありますので、適切なセキュリティ対策を講じることが不可欠です。

2. 設問の文脈への適合性の欠如

　生成AIは学習データに基づいて設問を生成するため、個々の組織の文脈に適合した設問を作成することが難しい場合があります。組織特有の用語や状況を考慮した設問を作成するためには、人間の判断が必要になります。

3. 設問の倫理的な配慮の欠如

　学習データに基づいて設問を生成するため、倫理的に不適切な設問が作成されるリスクがあります。本書執筆時点での多くの生成AIは、倫理性に配慮されていますが、差別的な表現や、回答者のプライバシーを侵害するような設問が生成される可能性は否定できず、人間による確認と修正が必要になります。

　生成AIを用いて設問群を作成する際は、AIの特性を理解し、適切に活用することが重要です。生成AIは、調査設計や設問作成に関する充分な知識をもった上で使用すれば、非常に有用なツールとなり得ます。特に、時間的な効率を高めるためには極めて有効であるため、上手に活用することをおすすめします。

　一方で、生成AIのいいなりになってしまうと、判断を誤ったり、要求とは異なる成果物が作成される危険性があります。また、生成AIに正しい回答を求めるためには、正しい問いかけが必要不可欠です。曖昧な指示や不適

切な問いかけをすると、期待どおりの結果が得られない可能性があります。

　さらに、エンゲージメント調査の設問群作成において、事務局メンバーの人材育成を重要な目的のひとつとしている場合は、生成 AI の使用は極力控えめにすることが望ましいでしょう。設問作成のプロセスを通じて、メンバーが調査設計のスキルを身につけ、主体的に考える力を養うことが重要だからです。

　生成 AI を活用する際は、人間の専門知識と AI の効率性を適切に組み合わせ、**AI に過度に依存することなく、人間の判断を重視する**ことが大切です。生成 AI は、あくまでも人間の能力を補完し、効率化を図るためのツールであると認識し、主体的に設問群の作成に取り組むことが求められます。

5 章のまとめ

➡設問群をつくる際には、設問設計コンセプトという指針を設定することが重要である。設問設計コンセプトは、経営戦略や人材戦略と連動した中長期的な視点で策定するものであり、調査の一貫性と継続性を維持するために重要な役割を果たす。

➡設問群の作成は、設問設計コンセプトに沿っておこない、PDCAサイクルを通じて継続的に改善していく。初回から完璧を目指すのではなく、実施と改善を繰り返す中で、練り上げていくという気持ちで取り組む。

➡設問候補の収集は、事務局メンバーが自由に発想し、多様な視点でおこなう。その後、設問設計コンセプトに沿って分類し、総設問数を確定した上で、議論を重ねて設問を抽出する。

➡設問文の整形では、「段階評価設問」を中心に、「単一選択設問」「複数選択設問」「自由記述」を適切に組み合わせる。回答者に正確に伝わるよう、設問文の論理構造や用語の定義に注意を払う。

➡生成AIを活用する際は、効率性と多様性のメリットを享受しつつ、情報漏洩リスクや文脈への適合性、倫理的配慮の欠如などのデメリットに留意する。人間の判断を重視し、AIに過度に依存しない。

Column 役員・上司に「これも調査で聞いてよ」と言われたら？

　エンゲージメント調査の設問群を作成する過程で、事務局メンバー以外の役員や上司から「こんな設問も入れてほしい」という要望が出てくることがあります。このような場合の対応として、以下の点に留意することが重要です。

　まず、設問設計コンセプトを提示し、要望された設問がコンセプトに沿っているかどうかを確認します。設問設計コンセプトは、調査の目的や測定したい概念を明確に定義したものであり、設問群作成の指針となるものです。

　要望された設問がコンセプトから外れている場合は、その旨を丁寧に説明し、設問として採用することが難しい理由を伝えます。**設問設計コンセプトに基づいて設問群を作成することの重要性を強調し、理解を求める**ことが大切です。

　一方、要望された設問が設問設計コンセプトに沿っている場合は、前向きに検討することを伝えます。役員や上司の協力は、調査後の対策実施段階で非常に重要になります。彼らの意見を真摯に受け止め、検討することで、調査への理解と支持を得られる可能性が高まります。

　ただし、意図に沿った形でも、**設問文の修正や最終的な取捨選択は事務局メンバーに任せてもらう**ことを明確にしておくことが重要です。すべての要望を取り入れることは現実的ではないため、事務局メンバーが調査の目的や設問数のバランスなどを考慮しながら、適切な判断を下す必要があります。

　要望された設問の取捨選択には、以下のような基準が考えられます。

1. 設問設計コンセプトとの整合性
2. 他の設問との重複や関連性
3. 設問数のバランスと回答者の負担

これらの基準に基づいて事務局で充分に議論し、採用可否を決定します。要望された設問が採用されなかった場合は、その理由を丁寧に説明し、理解を求めることが大切です。

　役員や上司からの要望に対しては、**設問設計コンセプトを軸に、丁寧なコミュニケーションを心がける**必要があります。設問群作成の背景にある考え方を共有し、建設的な議論を通じて、よりよい設問群をつくり上げていくことが重要です。

　事務局メンバーの自主性を保ちつつ、役員や上司の意見も適切に取り入れながら、バランスの取れた設問群を目指すことが求められます。同時に、役員や上司の意見を前向きに検討することで、調査後の対策実施段階での協力を得やすくなることも念頭に置いておくべきでしょう。

6章

回答収集プロセス
——心理的安全性を意識した「正しい回答データ」の収集

● ○ ● ○ ●

　エンゲージメント調査の成功には、正確で本音に近い回答データの収集が不可欠です。そのためには、回答収集プロセスにおける丁寧な準備と実施が重要です。回答者が積極的に、本音で回答できる環境を整えるには、回答収集前の周知作業や回答しやすい環境づくりが欠かせません。特に、サイレントマジョリティの意見を引き出すことが、職場の現状をより正確に把握し、問題の早期解決や改善につながります。

　本章では、Web調査と紙面調査の特徴を理解した上で、回答者の匿名性を確保しつつ、適切な回答収集方法の選択の仕方を解説します。また、実施要項の作成、経営層への報告、調査目的の伝達、回答率の管理など、回答データ収集における具体的な手順を説明します。

1
"本音度"の高い回答データを収集する手順

　いよいよエンゲージメント調査の本丸である回答収集プロセスに入ります。正しい回答データが得られなければ、どんなに優れた分析をしても意味がありません。そのため、この段階では特に丁寧な準備と実施が大切です。間違っても、5章で確定させた設問群をそのままGoogleフォームに流し込み、従業員に回答リンクを送るだけというような対応をしてはいけません。そのような安易な方法では、正確で本音に近い回答が得られないだけでなく、そもそも充分量の回答が得られない（回答率が低い）ことも考えられます。

　職場の現状を可能な限り正しく反映したデータを得るためには、回答者が積極的に回答してくれること、そして、本音で回答してくれる環境にこだわらなくてはなりません。そのためには、**回答収集前の丁寧な周知作業**が欠かせません。具体的には、調査の目的や意義を従業員に様々なルートを活用して**「伝える」のではなく「伝わる」**ことを重視する必要があります。

　また、回答収集の段階では、**回答データの機密性（誰がどういう回答をしたか）を保証**し、回答期限や所要時間を明示し、Web回答画面や調査票のレイアウトや文言を吟味することで、回答しやすい環境を整えていくことが大切です。

　このような丁寧な回答者との事前コミュニケーションが、調査の成否を左右するといっても過言ではありません。

　ここまで丁寧に準備しなくても（従業員に気をつかわずとも）、職場の現状を正しく反映したデータは集まるのではないか、と感じた読者もいるかもしれません。しかし、丁寧なプロセスを踏むことで、現状分析にとって不可欠な、サイレントマジョリティ（物言わぬ多数派）の意見を引き出すことができるのです。

　特に、従業員のモチベーションの低さ、受け身的な姿勢、離職率の高さな

どに問題意識をもっている場合は、なおさらです。

サイレントマジョリティの意見は、職場で顕在化していない問題や本質的な問題の解決につながることが多いのです。彼らは、リスク回避のために発言を控えがちですが、適切な環境を整えれば、貴重な意見を引き出すことができます。そうすることにより、職場の現状をより正確に把握でき、問題の早期解決や改善に役立てられるのです。

「寝た子を起こすな」という消極的な姿勢は、問題の先送りにつながります。本質的な改善を目指すのであれば、サイレントマジョリティの意見に真摯に耳を傾け、向き合う必要があります。

以上が、回答データ収集におけるもっとも重要なポイントです。このような考えのもとに、回答データ収集の具体的な手順を、2項以降で説明していきます。

図表6-1-1 回答収集の流れ

回答環境	Webで回答するのか、紙面で回答するのか、匿名性をどの程度担保するかなど、回答者が回答する環境を決める。
調査票	Web調査票、紙面調査票をつくるときの留意点をを踏まえ、調査票を準備する。
調査要項	全体設計プロセスから回答収集開始前までのプロセスをとりまとめ、あらかじめ役員に共有する。
事前周知	調査の目的や活用法を、文面や口頭を通じて回答者に丁寧に伝えていくことで、回答率の向上を狙う。
回答率	回答期間中は、回答率を確認しながら、最低限の督促をおこなう。
最終確認	期間終了後に、回答したいと言われた場合の対応など、回答データの最終確認をおこなう。

2

【回答環境】
Web調査を主体にする

　現在は、**Webで回答するのが主流**です。紙面回答のメリットもありますが、調査分析に至るまでの迅速性を考慮すると、Web回答をメインにする必要があります。

　その上で、Web回答が難しい一部の従業員のみ紙面での回答を求めるという形が理想です。本章の解説においても、メインはWeb回答で、必要に応じて一部の従業員に紙面回答を採用する形で進めます。

　まず、Web回答と紙面回答の特徴を押さえておきましょう。それぞれの特徴を図表6-2-1にまとめました。迅速な集計ならびに集計ミスを減らす上では、紙面回答を極力減らすことが望ましいでしょう。

　次に、「どの環境で回答してもらうか」を決めます。具体的には、プライベートな環境での回答、すなわち、業務時間外の回答、社外での回答、自己所有端末での回答を認めるかどうかということになります。**業務時間内を原則とする**ことが通常ですが、業務時間外の回答を認めるかどうかは各社対応

図表6-2-1 Web回答と紙面回答の特徴の違い

比較項目	Web回答	紙面回答
集計までの時間	速い	時間がかかる
実施費用・労力	労力がかからない。しかし対象人数が少ないと、一人あたりの実施額が紙面よりも高くなる可能性がある	労力がかかる（印刷、配布、回収、データ入力など）。対象人数が多いと、一人あたりの実施額がWebよりも高くなる
誤植対応	誤植等の発見時の対応が容易	誤植等の発見時の対応が大変
データ処理	データ収集と集計が自動化されている	データの集計や分析に手間がかかる
必須制御	必須回答に回答しないと先に進めないように制御できる	必須回答の未入力を防げない
自由記述	記入が手軽	記入率がWebに比べると低下する

が分かれます。最近の Web 調査システムは、スマホにも最適化されているので、労務上問題なければ、スマホでの回答も可能です。

　私に委託してくださった会社では、自宅や外出先のほうが本音で回答しやすいのではないかと考えて、「業務時間内が原則、ただし業務時間外も自身の判断で回答可」とする会社が多かったですが、「業務時間内以外は回答できないようにシステムを制限する」という会社もありました。

　このあたりは、労務管理、社風や業務特性にもよるので、適切に選択してもらえればと思います。

▶ 匿名回答か、記名回答か、半匿名回答か

回答方式は、3種類あります。

- **匿名回答方式**：システム的にも誰が回答したかわからないようにしておき、完全に匿名で回答する。
- **記名回答方式**：システム的に誰が回答したかわかるようになっており、回答データも記名データとして扱うことにする（たとえば、上司に公開される可能性もあるということ）。
- **半匿名回答方式**：システム的には誰が回答したかわかるようにしておくが、原則として重複回答を防ぐためのものであり、データの取り扱い上は、回答データの機密性を担保し、分析や開示のときには匿名データとして扱う。

これらのどの方式を採用するかは、どこの会社でも必ず議論になります。それぞれの主張の一部を列挙してみたいと思います。

●匿名回答方式派

① 「みんな答えにくいでしょう。匿名にしたほうがいいよ。2回回答してしまう人もいるかもしれないけど、まぁ、そんなに多くないと信じて」
② 「匿名じゃないと、本音で書けないと思いますよ。いくら匿名と言われ

ても信じられない人もいると思うので、記名などもってのほか」

● **記名回答方式派**
① 「記名で書けないような意見は、意見じゃないですよ。記名で書かせるべきです。責任感が重要ですよ」
② 「最初のころは、記名で意見が言えなくてもいいじゃないですか。何年か経ったときに、記名でも意見が言えるという状態を目指すのが大切じゃないですか。そういう風通しがよい会社を目指したい」
③ 「記名じゃないと、ヤフコメ（Yahoo! JAPANのニュースポータル「Yahoo! ニュース」に備わるコメント投稿機能）みたいに、無責任な批判や平気で人を傷つけるようなことばかり書かれるのでは？」

● **半匿名回答方式派**
① 「重複回答は防ぎたいですよね。そういう意味では、誰が回答したかわかるように記名にしておきたいですが、分析上や開示上は匿名であったほうがよいと思います。ただ、それで回答者が匿名と思ってくれるかどうか不安はあります」
② 「記名じゃないと、自由記述に何か重要なことが書かれても、再度聞き取りをしないと対応が難しいこともあるのではないか？ 匿名では、真に危機的なことが書かれていたとき、聞き取りができないから困るのでは……開示情報上は匿名でも、システム上はわかるようにしておくべきでは？」

これは、私が実施したエンゲージメント調査で、実際に議論したときに出た意見です。みなさんはどう感じられるでしょうか。私は、初めて実施する会社や、発言に対する安心感が薄いと感じている会社の場合は、多少の重複回答が生じたとしても、匿名回答方式で実施したほうがよいと考えます。

しかしながら、ある程度大丈夫と考えられる場合は、**半匿名回答方式がよい**と考えています。やはり重複回答は極力防ぐべきですし、真に対応が必要な自由記述があった場合、対応が必要だからです。

上位職の方は特に記名を要望する傾向にあります。記名回答方式派の意見②のように、極めて前向きな判断で言っている人もいますが、できるだけ余計なことを書かせたくないという心理で言っていることが明らかな人もいます。

いずれにしても記名回答方式は、回答者は自分の書いた回答が公開される前提で回答することになります。そうなると回答データの正しさを担保しにくいと考えますので、私は記名回答方式には否定的です。

▶ 重複回答の防止法

● 防止法その1：Web調査システム上で制御する

だいたいのWeb調査システムでは、記名でなくても重複回答を防止する方法はあります。その代表的なものは次の3つです。

① クエリストリング（カスタム変数）で制御する
② Cookie（クッキー）で制御する
③ 統合型クラウドサービスのアンケート機能を利用する

① クエリストリング（カスタム変数）で制御する

ほとんどのクラウド型のWeb調査システム（Questant, SurveyMonkeyなど）で、この方法が採用できます。回答リンクの末尾に、「?id=1234」のように、回答者によって異なる変数を付与し、それをWebシステムに受け渡すことで、回答者固有の回答リンクにすることができます。

もちろん、このIDと従業員個々が紐づけられているわけですが、データ収集が終わったら、この紐づけデータを削除する、または一部の事務局メンバーしか確認できないようにしておけば、事実上、匿名性を担保できます。

ただし、回答者同士で回答リンクを転送してしまうと、一方が回答したときに、もうひとりが回答できなくなってしまうので注意が必要です。

② Cookie（クッキー）で制御する

　Cookie方式は全員に同じ回答URLを配信するため、クエリストリング方式よりも、匿名性を担保できます。回答者のブラウザに「回答済」という記録を残すことができるので、同じブラウザで回答できなくなります。

　なお、共有パソコンで複数の従業員が回答することを想定している場合は採用できません。また、ある従業員がパソコンで回答した後、スマホから回答すると、別回答扱いになります。このように、匿名性は高まりますが、重複回答が生じやすくなる点に注意してください。

③統合型クラウドサービスのアンケート機能を利用する

　Google WorkspaceやMicrosoft365のような統合型クラウドサービスを導入している場合は、付属のアンケートシステムを利用すれば、簡単に従業員宛に送信することができます。

　かなり記名方式に近くなりますが、丁寧な事前周知と適切な設定により、半匿名回答方式に近づけることができるでしょう。ですがこの方式では、どうしても従業員の中で記名意識が拭えず、回答の本音度が下がるような印象を私はもっているので、より一層丁寧な事前周知が必要になります。

●防止法その2：Webと紙面のいずれかに回答

　Webと紙面を併用する場合、重複回答が生じる可能性があるため、回答者ごとにWebか紙面かを指定したほうがいいでしょう。

●防止法その3：再回答の可否を明記する

　回答期間中、一部の回答を変更したいというような、再回答ニーズが生まれる場合があります。記名方式または半匿名回答方式であれば、回答をリセットするなど、システム側で設定可能なので、対応が容易です。

　一方、匿名方式の場合、再回答は困難です。どれがその人の回答かを特定するのが難しいからです。匿名方式の場合は、匿名性担保のために二重回答を特定できないので、**再回答はしないように周知しておくことが大切**です。

3

【調査票】
Web調査票と紙面調査票のつくり方

　Web調査システムにデータを流し込む際の留意点を解説します。

　一般的な画面設定について説明した後、よくいただく質問について簡単に記載します。

▶ Web調査票

　下記のように、調査説明⇒属性⇒設問文（長文自由記述以外）⇒長文自由記述という順番で並べるのがいいでしょう。長文の自由記述を途中に挟んでしまうと、その時点で回答に疲れてしまいます。一般的に長文の自由記述は任意回答ですから、最終画面にもってくるといいでしょう。

　Web調査票のサンプルは、読者Web特典で準備しています。

図表6-3-1 画面遷移イメージ

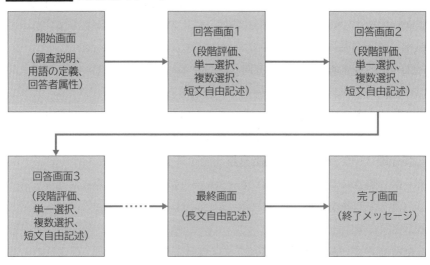

> ● **Web調査票の作成を外部委託した場合は入念に** ●
>
> 　Web調査システムの部分だけ、外部委託することもあると思います。この際、委託元にありがちなのは、外部委託だから最終チェックをしなくても大丈夫だろうという考え方です。必ず最終チェックは、みなさんの目でおこなうことをおすすめします。
>
> 　私が受託する場合でも、必ずクライアントにチェックしていただき、さらに契約の範囲で許される第三者の目でチェックしてもらう手段を設ける場合もあります。Web調査で起きやすいミスは次の3つです。
>
> - 必須制御の設定し忘れ（必須か任意か）
> - 設問文の入力ミス
> - 設問の条件分岐（特定の設問は一部の回答者に限る場合など）がある場合、条件分岐の設定ミス

▶ 紙面調査票とマークシートの準備

　紙面調査票は、基本的にWeb調査票と同様の流れ（画面遷移＝紙面構成）で構いません。紙面調査票の形式には、以下の3パターンがあります。

①**一体型紙面調査票**：設問と回答欄が一体となった調査票で、設問冊子に直接回答を記入し、設問冊子ごと回収する形式。
②**分離手書き型紙面調査票**：設問冊子と回答用紙が分離されており、回答用紙に手書きで回答を記入する形式。
③**分離マークシート型紙面調査票**：設問冊子と回答用紙（マークシート）が分離されており、回答はマークシートにマークし、自由記述欄のみ手書きで回答する形式。

　紙面調査票の配布方法や回収方法は後ほど解説しますが、郵送回収の場

合、①の方法だと封筒の重量が重くなり、郵送料が高くなる可能性があるので気をつけてください。

設問冊子と回答用紙のテンプレートは、読者 Web 特典に用意しましたので参照してください。

▶ よくいただく質問

●Web調査票は、ページ分割方式と無限スクロール方式のどちらがよいか

以前は、「次へ送る」「前に戻る」といったボタンがついているページ分割方式が大半でしたが、最近は、下にスクロールしていくと次から次へ設問が表示されてくる無限スクロール方式も増えてきました。

無限スクロール方式のほうがボタンも押さないので便利なイメージがある一方、設問数が多いと無限に続くイメージになるので、途中離脱率が高くなる傾向にあります。

よって、私はページ分割方式を採用していますが、どちらでないといけないということはありません。しかし、無限スクロール方式でも、回答を選択した時点で保存されるタイプもあるので、Web調査システムによって適切なものを選択するといいでしょう。

●逆転設問の回答選択肢の並べ方

「あなたは、部門間の壁を感じている」といったような、否定する回答（まったく当てはまらない）のほうが高評価になるような段階評価設問の場合、回答選択肢の並べ方はどうしたらいいかという質問をいただきます。

普通の設問で横並びであれば左から、縦並びであれば上から、「非常に当てはまる」⇒……⇒「まったく当てはまらない」と並べますが、逆転設問の場合、このままにするか、逆にするのかという問題が生じます。

私は、**逆並びにすること**をおすすめします。つまり、横並びであれば左から、縦並びであれば上から、「まったく当てはまらない」⇒……⇒「非常に当てはまる」と並べます。

正確に文章を読まないで回答する人も一定数いるので、そういう人にデー

タを乱されることは好ましくありません。よって、逆並びにするほうがよいと考えています。

●設問はランダム並びにしたほうがよいか

　Web調査システムによっては、設問の並びを回答者によってランダムにすることが可能なものもあります。一般にランダム化の目的は、後半に配置されている設問の回答の質の低下を防ぐことですが、エンゲージメント調査ではふさわしい方法ではありません。

　また、設問群をつくる際には、ある程度回答の視点を整理しながらつくっているのに、それをランダムに並び替え、「あなたは〜」ではじまっていたと思ったら、次は「あなたの職場では〜」、そしてまた「あなたは〜」というふうに、主体がコロコロ変わってしまうと、真面目に取り組んでいる回答者ほど疲れるものです。結果として回答者は頭の中を整理しにくくなり、嫌気が差してしまう可能性があります。

●ダミー設問は設定したほうがよいか

　いわゆる不誠実回答[※]（すべて同じ選択肢を選ぶ、階段状の回答をする、ほとんど設問を読まずに超高速で回答する など）を見抜くための手段として、ダミー設問を設定する方法があります。

　ダミー設問とは、「この設問には、必ず〈まったく当てはまらない〉と回答してください」など、回答選択肢が明確に指定された設問のことです。これを回答画面のどこかに設定することで、不誠実回答をあぶり出すことを目的とするわけですが、あまり設定しすぎると回答者に不信感を与えるので好ましくありません。私は設定しない方針ですが、設定したい場合、調査票の半分を過ぎたあたりで1問設定するといいでしょう。

※不誠実回答の定義は、7章4項「信頼性の検討」を確認してください。

【調査要項】
とりまとめた上で役員に報告する

　ここまでに設定した条件を踏まえて、事務局が、以下の内容を実施要項としてまとめます。実施要項は、経営層と回答者のためにまとめるものです。

●**実施要項の内容**
1. **調査目的**
   - 5章2項で作成した設問設計コンセプト
2. **調査スケジュール**
   - 4章3項で作成した全体スケジュール
3. **調査対象**
   - 調査対象となる従業員の範囲と人数
4. **調査内容**
   - 設問群（設問一覧）※回答者には、回答期間がはじまるまでは非開示
   - 設問内に出てくる文言の定義（「上司」の定義、「職場」の定義など）
   - 回答者属性（部門、職位、勤続年数など）
5. **回答方法（回答収集プロセスにおける方法）**
   - 回答期間の開始日時と終了日時
   - 調査媒体（例：Web調査票、ただし一部従業員は紙面調査票）
   - 個人特定レベル（例：半匿名回答方式）
6. **回答開始前の事前周知対応**
   - 文面による周知の方法
   - 口頭による周知の方法（特に、役員や部門長の協力が不可欠な旨）
7. **回答期間中の対応**
   - 回答期間中の回答率報告タイミング
   - 回答期間中における好ましくない行動（過剰な督促、回答状況の個別確認など）

8. 調査データの取り扱い方針
    - 有効対象者の定義
    - 回答データの匿名性を確保するための措置
    - 収集したデータの機密保持に関する方針
9. 結果の共有と活用の簡単なイメージ
    - 調査結果の共有方法とおおよその時期（社内イントラネット、報告会など）
    - 結果を踏まえた対策の立案と実行がある旨
10. 問い合わせ先
    - 調査に関する質問や問い合わせの連絡先

▶ 事前周知前に役員と共有する

　次項で説明する口頭による周知では、経営層や部門長の協力が不可欠です。そこで、その前の段階でいったん役員報告をしておくことが好ましいでしょう。

　実施要項に加えて、次の2点を報告します。

- この時点で考えている分析の解像度（細かさ）（7章3項）
- この時点で考えている報告の方法（9章1項）

　ただし、もともと経営層の関心が高い場合や、細かいプロセスでの報告が必要と感じる場合は、全体設計プロセス（4章）・設問設計プロセス（5章）のそれぞれが終わった段階でも、こまめに報告しておくといいでしょう。

5

【事前周知】
目的・活用方法をきちんと伝える

　回答収集をはじめる前に、**調査の目的や意義を明確に伝える**ことで、回答者の積極的な参加を促し、有意義な調査結果を得ることができます。

　目的を明確に伝えないと、人は口伝えで邪推し、調査に対して負のイメージをもってしまう可能性があります。特に、どんな会社でも声の大きい悪口系（何でもマイナスに解釈し、声高に否定的な発言をする）の従業員がいるものです。そのような人の発言に引っ張られると、「どうせ無駄だ」といった否定的な空気感が生まれてしまう可能性もあります。

　普段感じている問題や状況を真摯に伝えたいと思っている人が、回答に取り組みにくくならないよう、調査の目的や意義を伝える文章を用意しましょう。回答者が調査に前向きに参加できるよう、ポジティブでわかりやすい表現を心がけることが大切です。

　基本的に、文面による通知（ポータルへの掲載、通達メール、職場へのポスター掲示など）と口頭による通知の2つのルートからおこなうことが望ましいでしょう。

●文面による通知

　ポータルへの掲載、通達メール、職場へのポスター掲示などで、通知をおこないます。特に難しく考える必要はありません。**どういった目的で、いつ実施し、回答結果を受けた対策を実施する旨**を書いておけば充分です。

　なぜかエンゲージメント調査は抜き打ち感が大切と考え、事前に文面による通知をおこなわない会社もあるようですが、むしろ、あらかじめきちんと通知をしておくことが大切です。通知をおこなうことで、目的や活用方法だけでなく、回答方式や回答期間など、回答に必要な情報がきちんと伝わり、回答者の積極的な参加を促すことができるのです。

●**口頭による通知**

　口頭での説明は、文書よりも伝わりやすく、回答者の関心を引きつけることができます。ただし、単に調査の実施を伝えるだけでは不充分です。調査の目的を丁寧に説明し、回答者が調査に参加する意義を理解できるようにすることが大切です。上司から、グループミーティングや朝会など、どんな場面でも構わないので口頭で伝えてもらうようにしましょう。

　さらに、**社長自らが動画で調査への協力を依頼する**のも効果的です。社長の言葉は従業員に大きな影響を与えます。社長が調査の重要性を直接伝えることで回答者の意識を高め、積極的な参加を促すことができるでしょう。

　エンゲージメント調査は、従業員の声を聞き、組織の改善につなげるための重要な取り組みです。調査の成功には、回答者の理解と協力が不可欠です。回答収集期間前の準備段階で、様々な方法を用いて調査の目的や意義を丁寧に伝えることで、回答者の積極的な参加を促し、有意義な調査結果を得ることができます。

【回答率】
回答期間開始の案内と回答率の管理

　本項では、回答収集期間中の対応について説明します。Web回答を前提に説明しますが、必要に応じて、紙面回答対象者への対応について触れるようにします。

▶ 開始日時にメールで案内を送付する

　回答期間の開始日時になったら、メールで回答リンクを送付するようにしましょう。社内メールでの送信や、Web調査システムによってはメール配信システムを搭載しているものもあるので、そちらも活用します。
　ただし、半匿名回答方式を採用する場合は、回答リンクに変数部分があり、ここを回答者ごとに変えて送信する必要があります。その場合、メールマージ機能（メール差込み、パーソナライズドメールともいう）という機能を活用して送信します。Web調査システム付属のメール送信機能にはだいたいこの機能がついています。

▶ 回答率を管理する

　回答期間がはじまると、回答率に関心が向くことでしょう。回答率に目安はあるのでしょうか。アメリカの人事コンサルティング会社、Workforce Science Associatesが示しているエンゲージメント調査の一般的な回答率では60％～92％の範囲で、平均は76％程度となっています。
　また、オーストラリアの人事コンサルティング会社、Culture Ampによると、人数規模によって、図表6-6-1に示す回答率を目指すのが適当な範囲だとしています。
　つまり、会社の規模が多くなればなるほど、回答率は低くても、ある程度

図表 6-6-1 人数規模別の回答率目安

会社の規模	目標回答率
50名未満	80〜90%
500人以上	70〜80%
1000人以上	65〜80%

出典:"What is a good employee survey response rate?"(Culture Amp)を参考に著者が整理
https://www.cultureamp.com/blog/what-is-a-good-survey-response-rate

状態を把握できるとされています。なお、50人以上500人未満の目標回答率が掲載されていないのは誤植ではありません。引用元に記載がないことお断りしておきます。

一方Culture Ampは、100%に限りなく近い状態であることには違和感を覚えるとしています。つまり何らかの強制力が働くと、回答の主体性が担保されず、不誠実回答が増産される可能性があることを懸念しています。

私の経験上では、少し違う視点での提言があります。データを活用することを考えるならば、企業規模に関係なく回答率80%は確保したいと考えています。また、適切な事前周知と督促がなされた上で回答率が高い場合には不誠実回答が増えることはほぼなく、何ら問題はないと考えています。

回答率が低すぎると、対策のときに対策の主体となる役員・部門長の本気度が上がらない、もしくは結果が好ましくないときに言い訳をしやすい状況を生み出します。基本的には、**自然に80%以上の回答率**になるよう、準備を丁寧に進めることが望ましいでしょう。

▶ 回答率が80%未満だったときの対応

全体の回答率が図表6-6-1で示した範囲内であれば、通常どおり分析して問題ないと考えます。しかし、回答率が80%を下回る場合、結果報告時に、「回答していない人は、回答したとしても低い得点をつける人たちなのではないか？」という指摘を受ける可能性が高くなります。つまり、会社に対して

好意的な人ほど調査に回答するというふうに考えているということです。

たしかにそういった側面はあるかもしれませんが、あくまで推測にすぎません。推測をデータに反映させることは適切ではなく、集まった回答データを適切なデータとして分析することが望ましいでしょう。

回答率が80％を切った部門・職種がある場合は、分析データに回答率が低い旨を記載した上で、分析をおこなうことが重要です。

▶ 督促の方法：回答率を「自然に」高くする

「回答率はどうやったら高めることができるのか」。これもよく聞かれる質問です。結論からいうと、高くするだけならば簡単です。記名回答方式にし、個別に厳しく督促し、強制的に回答させればよいからです。しかし、それでは回答データの質は間違いなく悪くなり、現状を正しく映し出した調査結果を得ることはできないでしょう。そこで自然に高い回答率を実現する方法についてお伝えしたいと思います。

基本的には、5項で説明したように、調査目的と調査結果をどう活用するかが、回答者（従業員）にきちんと伝わっていれば、回答率は高くなっていきます。「何だ、そんなのは当たり前じゃないか」と思うかもしれません。しかしながら、文面と口頭で丁寧に伝えるというのは、できているようでできていないことが多いのです。特に口頭で伝える際、「調査をやるから、答えてね」としか言っていないのであれば、**伝えてはいますが、伝わったとはいえません**。私の経験上、この作業が丁寧であり、調査にその会社独自の名称がある場合は概ね回答率は高い傾向にあります。

また、回答期間中の対応も重要です。具体的な例を示しましょう。仮に回答収集期間を2週間とします。

●回答率の確認

回答初日に回答リンクを送った後、3日目くらいに回答率を確認します。回答率が低い部門に関しては、部門長等に確認し、調査の目的などをきちんと伝えたかを確認しましょう。

なお、その際に、部門長から部下の一人ひとりに強く回答を督促すること
はしないよう、併せて伝えておきましょう。

●督促

督促は2〜3回実施しましょう。半匿名回答方式や記名方式を採用し、回答リンクを固有に発行した場合であっても、匿名性を担保するため、原則として全員に督促する形を取ります。

督促は1週間経過時に1回、終了3日前に1回、回答状況を見ながら終了前日に1回実施しましょう。あまりに督促が多いと不誠実回答を増やすだけです。たしかに回答率は上がりますが、回答の質が下がるのでやめましょう。理想は2回です。

●紙面回答の返送

返送が一切ない場合は、当該部門の担当者に確認しましょう。当該部門で全員分をまとめて送付しようとしている場合や、そもそも紙面設問冊子や回答用紙を配布し忘れている場合もあります。状況によっては回答期間の延長にも柔軟に対応しましょう。

そもそも、**回答率も重要なエンゲージメントの指標のひとつ**です。回答率が低いということは、それ自体にいろいろなメッセージが含まれます。それ自体もひとつの重要なデータとして取り扱うように意識しましょう。

▶ 終了時の案内は必要か

回答終了時にお礼のメールが必要かという質問もよくいただきますが、これに関しては送っても送らなくてもよく、会社の文化に合わせればいいと思います。事前通知の際に、丁寧な案内を送っていれば充分だと私は考えます。

また、Web調査票上には、回答終了から1週間程度は、「回答期間はすでに終了している」旨のメッセージを出しておくといいでしょう。もちろん、

そういう機能がある場合のみで問題ありません。お礼は、結果報告時でも遅くはないでしょう。

▶ 紙面回答の配布と回収

配布については、紙面調査票と回答用紙を、事務局から対象職場に送付する形がいいでしょう。気をつけることは、**回答期間がはじまるまで配布しないようにする**ことです。また、配布対象者にのみ配布するようにお願いすることが大切です。

回収については、職場単位で預かってもらって回収する方法もありますが、この方法はたしかに楽ではあるものの、回答者からすると集約担当に内容を見られるのではないかという不安が生じます。よって、**個別に封筒に封入し、郵送してもらう**形がよいと考えています。社内便のようなシステムがある会社もあると思いますが、あくまで個人の回答プライバシーを最大限に守れる方法での回収を検討してください。

> ● **紙面回答期間の終了日は、Web回答期間終了日よりも早めがベター**
>
> 紙面回答を一般郵便で回収する場合、回答期間はWeb回答よりも短めに設定することをおすすめします。最近は、配送に時間がかかるようになっており、タイミングが悪いと結果的にWeb回答よりも遅延してしまうことがあります。この場合、データの収集が遅れて、分析・報告に遅延が生じてしまいます。
>
> 私は、Web回答期間を2週間としたとき、紙面回答期間は1週間としています。回答開始日を同じにすると、1週間早く終了することになります。こうすれば、Web回答期間終了日までに着荷した紙面回答を有効回答と扱えるので、分析・報告に遅延が生じることはないでしょう。

7

【最終確認】
回答期間外の回答の取り扱い

　回答期間が適切に設定され、すべての回答者がこの期間内に回答してくれることが理想的です。しかし、現実には何らかの要因で、回答期間外の回答をどう扱うかを検討しなければならない場合があります。これは、調査結果の信頼性と解釈に大きな影響を与える可能性があり、慎重な判断が求められます。

　設定した回答期間外の回答を、回答データとして追加するかどうか検討する状況は主に次の3つが考えられます。

●Web調査システムの回答収集期間設定が誤っていた

　回答開始日時が誤っており、本来の回答期間がはじまる前に回答があった場合は、回答に含めても問題ないでしょう。ただし、匿名回答方式、つまり回答者全員に同一のリンクが提供された場合は、回答期間前の回答だったことに気づいてもう一度回答する人もいますので、回答期間内の回答のみ有効回答としましょう。

　回答終了日時が誤っていた場合は、気づいた段階でWeb調査システムを終了させ、そこまでの回答は有効回答としましょう。

　このようなミスを防ぐためには、予定していた回答収集期間終了日時のタイミングで目視で確認し、回答データをダウンロードするような処理を予定しておきます。もし設定が誤っていれば、この段階で気づくので、手動で終了させることができます。

●紙面回答が期限以降に到着した

　期限以降に届いた紙面回答を有効回答とするか否かは、手間やデータ分析の進捗状況にもよるでしょう。遅れて到着しても、回答データの整理に影響がなければ、有効回答としても問題ないでしょう。回答期間がはじまってい

るのに、ほとんど到着しない場合は、きちんと紙面が対象者に配布されているか確認するとよいでしょう。

●**Web回答期間完了後に、回答したい旨の問い合わせがあった**

回答者が後から気づく場合もありますが、部門において適切な周知がなされておらず、回答期間を過ぎた後に回答したい旨の連絡が届くことがあります。原則として回答期間終了後の回答は受け付けませんが、回答者に責任がない場合（部門の周知不備など）は、可能な限り有効回答とすることが望ましいでしょう。

回答期間外の回答の取り扱いは、調査の信頼性や公平性に関わるだけでなく、調査後の対策実施時における、回答者の参画意識にも影響を与える重要な問題です。以上の点を踏まえつつ、個々の状況に応じて適切な判断を下すことが求められます。

8 企業事例②
目につくところすべてに告知を!

企業情報
- ■**社名**：B社
- ■**業種**：製薬業
- ■**従業員数**：4000名
- ■**主担当部門**：広報戦略部門

▶ **インタビュー（M.M. 氏）**

Q. ご担当を引き継ぐ前のエンゲージメント調査では、回答率が低かったと伺いました。

そうですね。私が担当を引き継いだ1回目は、もともとお付き合いのあった調査会社にお願いしていたのですが、必須設問が必須になっていなかったり、設問に対しての工夫もなかったり、あまり意味を感じていませんでした。実際、回答率も60％程度とかなり低く、認知度も低かったと思います。

認知度が低いのは、もちろん自社内の責任ではあるのですが、一方で、社内の各所で類似の調査を実施していたこともあり、皆さんの協力のもと一本化し、事業者の切り替えを検討し、冨山さんにお願いすることにしました。

Q. 回答率を高めるために実施した工夫を教えてください。

工夫といえるかわかりませんが、ふたつあります。

1つ目は、設問群の工夫です。事業本部ごとに調査担当を設定し、設問群も「共通設問群」とそれぞれの事情に合わせた「事業本部ごと設問群」の組み合わせにしました。これにより、各本部担当の当事者意識も高まったと思

いますし、共通設問群の質も高いものになったと思っています。結果として、回答者にとって、回答する意義を感じるものになったのではないでしょうか。結果論として、対策もそれぞれの本部事情に合わせて立てやすくなったと思います。

2つ目は、回答を促す工夫です。冨山さんがかなり回答率にこだわるので、「以前は回答率が60％だった」とお伝えしたときに、驚いていたのが印象的でした。ただ、当時はそれ以上に回答率が改善するイメージを私自身も持てずにいたので、冨山さんがいう80％以上という回答率が本当に確保できるのか懐疑的でした。しかも、回答率を上げるための提案はかなりアナログな方法でした。

- 調査の目的をきちんと伝える
- ポスター等で掲示する
- 調査に名称をつけてイベント化する

聞いているうちに、私自身も楽しくなってきて、回答期間中はトイレにポップを置いたらどうだろう？と考え、それが、意外と目にとまっていることがわかって効果の実感をもてました。それ以外にも、回答期間中は、目につくところにいろいろな掲示をしてもらうようにしました。

結果として、しつこい督促をすることもなく回答率が上がっていったので、単純に「伝わっていなかっただけなんだ」と思いました。調査の目的と周知をきちんとやれば伝わるということもわかりましたし、名称をつけたのもかなり効果的だったと感じています。

Q. 調査名称は定着しましたか？

定着しています。名称を申し上げると、Webで検索するとわかってしまうくらい社内だけでなく広報の場でも活用できています。人間が、「キミ」とか「そこの人」と言われるより、名前で呼ばれるほうが親しみを感じるのと同じように、名称は大切だと実感しています。

取材：冨山陽平（2024年5月27日）

6 章のまとめ

➡ 現在は Web 調査が主流となっており、迅速なデータ収集と集計が可能である。ただし、状況に応じて紙面調査を補完的に用いることで、より幅広い層から回答を得ることができる。

➡ 回答者の匿名性を確保し、回答の機密性を保証することで、率直で本音に近い回答を引き出すことができる。匿名回答方式または半匿名回答方式を採用し、回答しやすい環境を整えることが肝要である。

➡ 実施要項をまとめ、実施前に役員報告をおこなうことで、経営層の理解と協力を得ることができる。役員報告では調査の目的や意義、回答データの取り扱い方針などを明確に伝えることが重要である。

➡ 調査の目的や活用法を文面と口頭で丁寧に伝えることで、回答者の積極的な参加を促すことができる。特に上司からの口頭での説明や社長自らのメッセージは、回答者の意識を高める効果がある。

➡ 回答率を適切に管理し、自然に高い回答率を実現するために、丁寧な事前周知と適度な督促が必要である。ただし、強制的な回答は避け、回答の質を確保することが重要である。回答率自体も重要なエンゲージメントの指標のひとつとして捉えることが好ましい。

Column 「途中経過の回答率が低い!? 何とかしろ」と言われたら?

　エンゲージメント調査の実施中、上司から、「回答率が低いのを何とかしろ」と指示されることがあるかもしれません。しかし、回答率を意図的に上げることは避けなければなりません。なぜなら、無理に回答を促すことで、本音ではない回答が集まってしまう可能性があるからです。

　このような状況で上司に説明する際は、以下のような内容を伝えるといいでしょう。

　「回答率を無理に上げようとすると、かえって従業員の本音が引き出せなくなる恐れがあります。回答率は回答収集期間の後半に伸びる傾向にあるので、今はもう少し様子を見させてください。督促は2回までにとどめ、従業員が安心して答えられる環境を整えることが大切だと考えています。最終的に回答率が低いままでも、それ自体が当社の現状だと思って分析するつもりでいます」

　しかし、その上司が回答率の高さにこだわり、上記の回答を理想論として受け入れない場合もあるかもしれません。そのような状況では、以下のような対応を試みることです。

1. エンゲージメント調査における一般的な回答率を提示する

　達成率にこだわるのは営業系の上司に多いのですが、100%に近い数値に強くこだわる人もいます。そこで回答率が"低い"の意図を整理する必要があります。その意味でも、本章の6項で述べた回答率の目安についてお伝えするといいでしょう。

2. 上位の意思決定者の支援を求める

　どうしても上司が理解を示さない場合は、その上位の意思決定者の支援を求めるのもひとつの方法です。エンゲージメント調査の意義や、回答率を無理に上げることのリスクについて理解を得られるよう、根気強く説明を試みましょう。

　これは、私のクライアントで生じた話なのですが、残念なことに事務局が役員から回答率や各設問の回答の捏造を求められて困惑したという話がありました。幸いにこのケースでは捏造には至りませんでしたが、エンゲージメント調査は、経営にとっての通知表的な意味合いで捉えてしまい、そのプレッシャーに勝てずに、捏造を頼みたくなる役員もいるのだろうと思います。
　調査結果の捏造に加担することは絶対に避けなければなりませんが、それくらいのプレッシャーを感じながら結果を待っている役員もいる、ということは頭の片隅においておくと対応の仕方が変わってくると思います。

7章

データ分析プロセス
——適切なグラフ化と読み取りのポイント

● ○ ⬡ ◇ ●

　エンゲージメント調査の結果を活用するには、収集したデータを適切に可視化し、組織の現状を正確に把握することが不可欠です。複雑な統計手法よりも、データを正しく読み取ることに重点を置き、エンゲージメントの向上に向けた施策の立案に役立てることが重要です。

　本章では、回答データを分析できる状態に加工することから、グラフ等への可視化とその読み取りまでを解説します。段階評価設問、単一・複数選択設問、自由記述それぞれの特性を理解し、データの可視化に際して、「ごまかさない」「こねくり回さない」「こだわりすぎない」という心構えをもちながら、適切な可視化手法を選択する方法を紹介します。

1 分析の心構え

　本章では回答データを分析できる状態に加工することから、グラフ等への可視化とその読み取りまでを図表 7-1-1 に沿って解説します。読み取った内容をもとに、コメントをつけたり、対策を考えたりするポイントは、次の 8 章で解説します。

図表 7-1-1　データ分析の全体像

データ分析の準備
《1. 分析の心構え》どういった意識で分析に取り組むのがいいか。
《2. 回答データを整理する》 回答データをどのように管理すると分析がしやすくなるか。また、回答データにトラブルがあった場合の対策について。
《3. 分析のレベルと解像度を決める》 どういったソフトウェアを用い、どのくらい細かくデータをつくっていくのか。
《4. 回答データの妥当性・信頼性分析》 収集した回答データはそもそも信頼できるのか、妥当なものなのかの確認方法。

必ず取り組む、基本的な分析
《5. 段階評価設問の分析》 設問をどのように点数化し、グラフ化するのか。集団間比較と経年比較について。
《6. 単一・複数選択設問の分析》 どのようなグラフを用いるのがいいか。グラフ化する際の注意点。
《7. 自由記述〈短文〉〈長文〉の分析》記述の校正など整理の仕方と分析の方法。

余裕があったら取り組む、いろいろな関係性を考える分析
《8. 設問間の回答傾向を比べることによる分析》 設問間の関係をみることで、改善に向けた打ち手を確認する方法。
《9. 業績指標との関係性分析》 エンゲージメント調査の各設問と業績指標の関係性を確認することで、業績改善につながる設問項目を探す方法。

▶「難易度の高さ」ではなく、「わかりやすさ」を重視する

　データ分析をおこなう際には、一貫した方法を採用し、途中で方法を変更する場合はその理由を明記することが重要です。
　「ごまかさない」「こねくり回さない」「こだわりすぎない」の3つの心構えをもちながら、データの透明性を保ち、誠実に向き合うことが求められます。また、統計手法にこだわりすぎずに柔軟な姿勢で分析に取り組むことが、読み取りやすいデータと活用しやすい報告書につながります。
　自社で分析する際は、分析者のスキルや使用するツール、分析期間などを考慮する必要があります。必ずしも難易度の高い分析が必要なわけではなく、簡単な統計手法を用いて客観的な意味づけをするだけでも充分です。
　データ分析を納得のいくものにするには、以下のような意識をもつようにしましょう。

- 基礎を学び、分析の全体像を理解する
- 分析の目的を明確にし、仮説を立てる
- データの特徴や傾向を把握し、適切な手法を選択する
- 統計的有意性だけでなく、結果の実質的な意味を考える
- 事務局メンバーと一緒に考え、多様な視点を取り入れる
- 読み手のことを考え、わかりやすい分析を心がける
- 失敗を恐れず、試行錯誤を重ねる

　データ分析に王道はなく、不安を感じることもあると思います。私自身も、常にこれが最適か自分に問いながら進めています。
　最終的には「解釈」が重要であり、**いかに解釈に客観性と背景情報をもたせるか**が鍵になります。ひとりで考えるのではなく、メンバーと多面的に考えることで、解釈の質が高くなります。

> ● 統計分析（統計学基礎）の参考書籍

- 『データ分析に必須の知識・考え方 統計学入門』（阿部真人著、ソシム）
- 『史上最強 図解 これならわかる！ 統計学』（涌井良幸・涌井貞美著、ナツメ社）
- 『数字のセンスを磨く データの読み方・活かし方』（筒井淳也著、光文社新書）

▶ データ分析の公正さを維持するための注意事項

データ分析をおこなう際には、様々な手法や考え方が存在します。どの方法を採用しても、批判の対象となる可能性はありますが、重要なのは**分析方法を明確に定義し、実施の都度、恣意的に変更しない**ことです。

たとえば、次のようなことは絶対にやってはいけません。

- 回答期間終了後に、未回答者の傾向を踏まえて回答対象者を調整し、回答対象者を減らすことで、回答率を高く見せようとする
- 自分たちの仮説に合うようにデータ分析を近づける
- データの妥当性や信頼性が低い場合に、その事実に触れないようにする
- 前回調査との経年比較をおこなう際に、複数の比較手法を試し、実施の都度、都合のよい方法を採用する
- 都合の悪い分析結果を開示しない

● そうはいっても……会社経営上、少しでもよく見せたい ●

　まさにエンゲージメントスコアが悪いとなったときに、社内に対しても社外に対しても、開示すべきかどうか悩むこともあるかもしれません。とはいえ、結果が悪いからといって開示しないことは透明性の悪化につながり、従業員の心は離れます。

　月並みではありますが、現状のエンゲージメントスコアが悪い理由、改善に向けてどういった取り組みをするかをきちんと開示していくことが大切です。

　数年後、エンゲージメントスコアが改善された際には、むしろ改善に取り組んできたことを示す素晴らしい組織風土を示したデータになるわけで、将来の改善を見据えて、現在の課題と具体的な改善策を伝え、進捗を定期的に報告することが効果的です。

　このような透明性のある姿勢こそが、結果的に改善速度を速め、長期的には従業員やステークホルダーとの信頼を築くのではないでしょうか。

2 回答データを整理する

　採用した Web 調査システムによっては、Web 上で集計ツールが使える場合もありますが、Excel で集計・加工することを前提に説明します。

▶ Excelのシート構成

　Excel を使ってデータを整理する際には、たとえば、以下のようにシートを分割して管理することで、後の分析がスムーズにおこなえます。詳細は、サンプルの Excel シートを読者 Web 特典で提供しますので、参考にしてください。

- シート1：Web 回答の生データ
　　　　　（CSV ファイルをコピー、回答 ID を追加）
- シート2：紙面回答を電子データ化したもの
　　　　　（シート1に合わせて取り込む）
- シート3：シート1とシート2を合成したもの
- シート4：設問種別ごとに分類したシート（段階評価）
- シート5：設問種別ごとに分類したシート（単一選択）
- シート6：設問種別ごとに分類したシート（複数選択）
- シート7：設問種別ごとに分類したシート（短文自由記述）
- シート8：設問種別ごとに分類したシート（長文自由記述）
- シート9：数値化したデータの対応表（属性名、選択肢名など）

▶ 回答収集終了後に気づいた、データトラブルへの対応

●必須回答のはずが任意回答になっていた

　必須回答に設定したはずなのに、必須制御が効いておらず、回答している人としていない人がいる設問ができてしまうことがまれにあります。これは丁寧に確認しないと、ミスがおきてしまう可能性が高いもののひとつです。段階評価設問における対処法（補完方法）は、次ページで解説します。その他の設問種別の場合は、点数化するわけではないので、「未回答」という選択肢を追加する形で対応するとよいでしょう。

●設問文が間違っていた

　完全に文章が誤っていた場合は、その設問は削除せざるを得ません。報告書にその旨を記載し、対象外としましょう。一方、句読点が抜けている、「あなたは」と書くべきところが、「あなたはは」となっていたなど、常識的に読めばわかり、意味が変わらない軽微なミスであれば、その旨を報告書に記載し、予定どおり、分析対象に含めましょう。

●自由記述の字数制限が機能していなかった

　字数制限が機能していない場合もあれば、字数制限の方法次第では、字数制限がくぐり抜けられてしまう場合もあります。ですので、字数制限が守られていない場合は、報告書に注記する必要はありますが、基本的にはそのまま活用して問題ないと考えています。

●回答期間直前に組織改編があったのに、回答者属性に反映し忘れた

　エンゲージメント調査には、今いる職場について回答する設問もありますが、回答期間直前に組織改編があった場合は、変更前の職場について回答してもらうほうがむしろ正しいといえます。その旨を報告書に注記し、そのまま活かすといいでしょう。

いずれにしても、何らかの誤りが見つかった場合でも、事務局で充分に相談し、データを活かす方向で検討してください。まれに誤りを水面下で修正して活かそうとするケースも見かけますが、不適切な修正にあたります。

誤りがあった場合は、誤りをきちんと報告書に書いた上で活かすようにしてください。変更の内容や理由、影響などを適切に記録し、関係者に報告するなど、透明性を確保することが重要です。

▶ 段階評価設問における欠損回答の補完方法

必須回答の段階評価設問に回答していない場合の補完（Imputation）方法としては、2段階で考える必要があります。

●**第1段階（欠損値を欠損値のままにするかどうか検討する）**
1. 欠損値として扱う
　利点：データの操作が最小限で済み、回答者の実際の回答を尊重できる。
　欠点：欠損値が多いと、分析の質や信頼性が低下する可能性がある。
2. 補完する　⇒第2段階へ
　利点：欠損値を減らすことで、分析の質や信頼性を高められる。
　欠点：補完方法によっては、データに偏りが生じる可能性がある。

●**第2段階（補完方法を定義する）**
1. 中立選択肢補完
　段階評価設問が5段階など、奇数段階の場合は、中立の選択肢が存在する。このとき、中立選択肢（例：どちらともいえない）で補完する。
　利点：簡単で理解しやすい方法。
　欠点：欠損値が多い場合、中立選択肢が不自然に増える可能性がある。
2. 平均値補完
　欠損値を、その設問の回答者全体の平均値で補完する。
　利点：簡単で理解しやすい方法。
　欠点：データの分散が小さくなる傾向がある。

3. 中央値補完

欠損値を、その設問の回答者全体の中央値で補完する。

利点：外れ値の影響を受けにくい。

欠点：データの分布がゆがむ可能性がある。

4. 回帰補完

他の変数を用い、欠損値を予測する回帰モデルを構築し、補完する。

利点：変数間の関係を考慮できる。

欠点：モデルの選択や仮定に依存する。

5. 協調フィルタリング補完

回答者間の回答傾向の類似性を利用して、欠損値を補完する。

利点：回答者間の類似性を考慮できる。他の設問への回答を利用して、欠損値を予測できる。

欠点：計算量が多くなる傾向がある。類似性の定義によって結果が異なる可能性がある。

一般的には、**欠損値の割合が少ない場合は、補完しないことが望ましいで**しょう。欠損値の割合が多い場合は、補完方法の選択は慎重におこない、結果の解釈には注意が必要です。特に、「回帰補完」や「協調フィルタリング補完」を用いる場合は、回答者間の類似性の定義や計算量に注意が必要です。また、複数の補完方法を試し、補完方法の影響を評価することも重要です。しかし、エンゲージメント調査の都度、補完方法を変更することは好ましくありません。特段の理由がない限り、補完方法は固定しましょう。

私は、段階評価設問において未回答だった場合は、「**どちらともいえない」で補完する、「中立選択肢補完」をしておく**ことをおすすめします。「回答意思がない＝判断がつかない」と判断するということです。

どの方法が正解というものではないので、いずれの方法を採用したとしても、報告書に記載すれば問題ありません。

単一選択設問や複数選択設問においては、欠損値を補完すると全体に与える影響が大きく出る可能性が高いので、基本的には補完するべきではないと考えています。

3

分析のレベルと解像度を決める

　具体的な分析に入る前に、分析の「レベル」と「解像度」を決めます。**分析のレベル**とは、どのソフトウェアを使い、どういった統計手法を使うかということで、**分析の解像度**とは、どこまで詳細にデータを分析していくかということです。

▶ 分析のレベル

　自社内でデータ分析をおこなう場合、特別なソフトを用意せずとも、社内に導入されていて、使い慣れている表計算ソフト（Microsoft Excel など）で分析するとよいでしょう。

　より専門性の高い分析をするためには、R（アール）や SPSS（エスピーエスエス）といった統計分析ソフトが必要ですが、本章では、図表 7-3-1 で示すとおり、レベル分けをして解説を進めます。

　基本的には、〈入門〉レベルで解説をすすめます。本表の中になじみのない言葉が散見していると感じた人もいると思いますが、読み進める上で理解に必要な表現は、都度解説するので安心してください。

　また分析手法は、調査の継続性を考慮して、**調査実施の都度、安易に変更しないことが重要**ですが、変更する場合は、過去のデータの分析手法との互換性を担保する必要があります。いずれにしても、分析そのものに没頭しすぎないよう注意が必要です。分析手法の選択が目的化し、分析結果に惑わされて回答者の声を見失うようなことがあってはなりません。高度な分析手法を採用すればいいというわけではありません。

図表 7-3-1 分析レベルの定義

分析レベル	ソフトウェア	リッカート尺度の取り扱い	得点の算出法	回答分布のバラツキ	経年比較	設問間関係性確認	自由記述	回答データの品質確認 妥当性	回答データの品質確認 信頼性
入門	●Excel	●間隔尺度（正規分布を仮定）	●平均値 ●肯定回答割合	●目視（100%積み上げ横棒グラフ）	●回答割合の変化量	●相関係数（ピアソンの積率相関係数）	●目視キーワード抽出	●設問設計コンセプトに沿っているかどうか	●回答率 ●不誠実回答量 ●分布の単峰性
専門A	●Excel ●R ●KH Corder	●間隔尺度（正規分布を仮定）	●平均値または ●肯定回答割合	●目視（100%積み上げ横棒グラフ） ●標準偏差	●回答割合の変化量 ●差の検定	●相関係数（ピアソンの積率相関係数） ●構造方程式モデリング（共分散構造分析） ●ベイジアンネットワーク	●機械的キーワード抽出 ●共起ネットワーク ●対応分析	●設問設計コンセプトに沿っているかどうか	●回答率 ●不誠実回答量 ●分布の単峰性 ●設問の一貫性 ●回答者の回答傾向一致度
専門B	●Excel ●R ●KH Corder	●順序尺度	●補間中央値または ●肯定回答割合	●目視（100%積み上げ横棒グラフ） ●四分位範囲	●回答割合の変化量 ●差の検定	●相関係数（スピアマンの順位相関係数） ●構造方程式モデリング（共分散構造分析） ●ベイジアンネットワーク	●機械的キーワード抽出 ●共起ネットワーク ●対応分析	●設問設計コンセプトに沿っているかどうか	●回答率 ●不誠実回答量 ●分布の単峰性 ●設問の一貫性 ●回答者の回答傾向一致度

● Excelだけで充分な分析はできるのか ●

　図表 7-3-1 を見ると、〈専門 A〉または〈専門 B〉のほうが、正確な分析ができるのではないかと感じた人もいると思います。統計分析の質という意味では、当然ながら Excel しか使わない〈入門〉では、統計分析ソフトを利用する〈専門 A〉〈専門 B〉より統計分析の質は劣ります。ですが、利用使途によっては、〈入門〉のほうがいい場合もあります。

　〈入門〉をスマホのカメラとするならば、〈専門 A〉はコンパクトデジタルカメラ、〈専門 B〉は一眼レフカメラにあたると考えてください。スマホのカメラでも機能は充分ですし、スマホのカメラのほうがシンプルで使いやすいものです。一眼レフのカメラを使えば、高品質な写真を撮影できますが、使いこなすためにはかなりの学習量が求められます。使いこなせな

ければ、スマホのカメラよりも品質の悪い写真になってしまうかもしれません。

　知識があり、統計分析ソフトを保有しているのであれば、〈専門A〉または〈専門B〉で取り組むほうがいいですが、〈入門〉でも充分に対応可能です。専門の調査会社であっても、〈入門〉レベルの分析だけをおこなう場合もあります。これは調査会社の能力の問題ではなく、読み手を考え、シンプルで明快な分析手法を選択していることと、提供価格を安価に抑えるためと考えられます。

　ビジュアル化の部分、つまり一般的なグラフ（帯グラフ、折れ線グラフなど）の品質や設定の柔軟さは、統計分析ソフトよりもExcelのほうが手軽に高品質なものを作成できる場合が多いと感じています。

　また、Excelの統計機能強化を求めるのであれば、「エクセル統計」というExcelのアドイン（有料）※もあります。もちろん統計分析ソフトにはおよびませんが、この機能強化だけでもだいぶ分析力は高まります。

　統計分析ソフトに関心があるならば、無料で利用できるRは、利用できるようしておくといいでしょう。有料のSPSSやJMPであれば、より洗練されたユーザーインターフェース上で分析可能です。

● 〈専門A〉または〈専門B〉に取り組むために参考となる情報 ●

【ソフトウェア】
■ R（無料：R Development Core Team）
　統計分析ソフト
　https://www.r-project.org/
■ KH Coder（有料：SCREEN アドバンストシステムソリューションズ）
　テキストマイニングソフト
　https://www.screen.co.jp/as/solution/khcoder

※エクセル統計（有料：社会情報サービス）https://bellcurve.jp/ex/

【書籍】
- 『Rによる統計解析』(青木繁伸著、オーム社)
- 『Rによるやさしい統計学』(山田剛史他著、オーム社)
- 『R言語逆引きハンドブック』(石田基広著、シーアンドアール研究所)
- 『動かして学ぶ！　はじめてのテキストマイニング』(樋口耕一他著、ナカニシヤ出版)
- 『テキストマイニング入門：ExcelとKH Coderでわかるデータ分析』(末吉美喜著、オーム社)
- 『やってみよう テキストマイニング』(牛澤賢二著、朝倉書店)

【データ分析に役立つサイト】
- 「Rによる統計解析」(オーム社) サポートページ
  http://aoki2.si.gunma-u.ac.jp/R/index.html
- js-STAR_XR+
  https://www.kisnet.or.jp/nappa/software/star/index.htm

▶ 分析の解像度

　ここでいう分析の解像度とは、回答者属性で定めた分類に対して、どこまで細かくデータをつくっていくかということです。たとえば、部門・階層・年代と定めたとき、部門別データ、階層別データ、年代別データは出すけれども、部門ごとの階層別データは出すのか、出さないのかなどです。細かくつくられた分析データのことを、**「解像度が高いデータ」**と表現します。

　もし回答者の安心感を高めるために、回答者属性を少なめに設定していた調査だったのであれば、そもそも解像度は高くなりにくいでしょう（図表4-1-1参照）。ですが、与えられた範囲であれば、解像度が高いに越したことはありません。

　解像度が高い分析に取り組むときは、次の3点に気をつけてください。

- 分析者の工数増加(外部委託の際には、予算の増加)
- 回答者の安心感低下(誰が回答したのかが特定される不安の増大)
- 細部に注目しすぎることによる、全体像を見失うリスク

エンゲージメント調査を実施すると、「誰がどのような意見をもっているのか」という点に関心が集中しがちです。しかし、エンゲージメント調査の目的は、個々の意見を特定することではなく、**組織全体の傾向を把握する**ことにあります。たとえば、「なぜか○○部に配属されると、みんな消極的になってしまう」といった組織的な特徴を見いだすことが重要なのです。

エンゲージメント調査では、**個人の問題ではなく、集団としての課題**を特定し、それに対応することが求められます。そのため回答者には調査に対する信頼度に応じて匿名性を一定程度保証し、安心して本音を述べてもらう必要があります。

この点を踏まえ、分析の解像度を考える際は、**ひとつのセグメントに5名未満しか該当しないようなデータは作成しない**ことが賢明です。明確な基準があるわけではありませんが、私の経験では、5名未満のデータは開示しないという方針を守ることで、回答者からある程度の信頼を得られると感じています。

組織全体の傾向を正確に把握するためには、適切な解像度設定が不可欠です。個人が特定されるリスクを最小限に抑えつつ、集団としての特徴を浮き彫りにできるような分析を心がけましょう。

4 回答データの妥当性・信頼性分析

収集した回答データが信頼できるか、妥当かをチェックすることは極めて重要です。妥当性とは「調査によって計測しようとしている概念が、実際に計測できているかどうか」、信頼性とは「同じ条件のもとで、同じ対象に、同じ調査を繰り返しおこなった場合でも、ほぼ同等の結果が得られるかどうか」をいいます。

図表7-4-1を用いて説明します。設問設計コンセプトに沿った設問群になっているが、回答者それぞれの設問の解釈が違っている状態を、「妥当性は高いが、信頼性は低い」といいます（Bの領域に示すように、回答がばらついている）。一方、設問設計コンセプトに沿った設問群になっていないが、回答

図表 7-4-1 信頼性と妥当性のイメージ

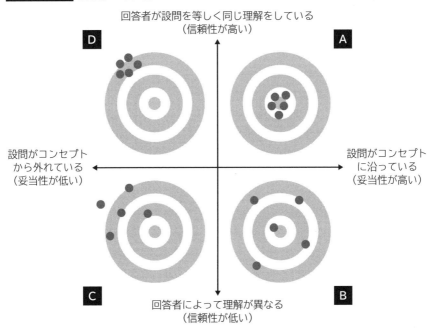

者の設問解釈が揃っている状態を、「妥当性は低いが、信頼性は高い」といいます（Dの領域に示すように、回答に偏りが生じる）。

　なかなか理解しづらいと感じた方もいるかもしれません。実際、信頼性と妥当性については、専門家でも対象によっては議論が分かれやすく、非常に難易度の高い分野といえます。

　本項で解説する妥当性と信頼性の検証方法は、エンゲージメント調査において、私が適切だと考える方法です。異論がある読者もいると思いますが、様々な解釈の一例として紹介します。

▶ 妥当性の検討

　妥当性は、調査や測定が目的にかなっているかどうかを示す重要な概念です。妥当性の検討には様々な方法がありますが、設問設計の段階から妥当性を意識することが肝要です。

　本書の手順にしたがえば、設問設計コンセプトで、調査の目的や対象、測定したい概念などが明確に定義されています。そして、それに基づいて丁寧に設問を選択しているものと考えられます。この過程で、測定したい概念を適切に反映した設問を作成することができれば、調査の妥当性は高まっているはずです。

　本来、妥当性の確認は多岐にわたり、非常に難しいのですが、事務局が主体となって取り組むカスタマイズ型エンゲージメント調査では、これで充分だと考えます。

　もちろん、より確実性を高めるために、統計分析ソフトで因子分析をおこなったり、専門家にレビューを依頼したりすることは有効な方法です。

　当該分野の専門知識をもつ人が、設問内容と測定したい概念との対応関係を確認することで、設問の妥当性を評価することができます。もし、社内に心理学の専門家や統計分析に詳しい従業員がいるのであれば、その人の意見を聞くのもいいでしょう。

▶ 信頼性の検討

　信頼性の分析を Excel のみで取り組むのはなかなか困難ですが、次の3点を確認することで、一定の品質で信頼性分析を実施することが可能です。

1. 一定以上の回答率を担保できている

　6章6項でお伝えしたとおり、回答率が80％を超えていることが好ましく、信頼性の向上につながります。

2. 不誠実回答の割合

　段階評価設問において、不誠実回答を次の3パターンで定義し、この割合が5％未満（100人中5名未満）であることを目安にしましょう。

　（a）すべて同じ選択肢を選ぶ

　　　A⇒A⇒A⇒A⇒……のような形で、同じ選択肢だけを選ぶこと。

　（b）階段状に回答をする

　　　A⇒B⇒C⇒D⇒E⇒D⇒C⇒B⇒A⇒B……のような形で、階段状の選択をすること。紙面回答（マークシート）で発生しやすい。

　（c）ほとんど設問を読まずに"超高速"で回答する

　　　段階評価設問と単一・複数選択設問の総数をNとしたとき、N×7秒よりも少ない時間で回答を終了すること（著者の経験的基準）。

　不誠実回答が多い場合の背景要因は、①設問が多すぎる、②強制的に回答させられている、③調査回数が頻回である、④「答えても無駄……」という感覚がある、⑤調査目的が不明確のいずれかが考えられます。

3. 単峰性の確認

　すべての段階評価設問の分布において単峰性[※1]が担保されていることは、信頼性が確保されている指標のひとつとなります。

※1 単峰性：段階評価設問において、頂上が1つの山形の分布になっていること。

◆〈専門A〉〈専門B〉において、追加可能な信頼性検討方法 ◆

- 複数の設問項目が、全体として同じ概念や対象を測定したかどうか(内的整合性)を評価する(オメガ係数[※2]:0.8以上)
- 回答者それぞれの回答傾向がある程度一致しているかどうかを検証する(ケンドールの一致係数:0.3〜0.7がよい)

◆ 信頼性を下げる要因である「不誠実回答」は除外するのか? ◆

不誠実回答といっても、現実には本当に不誠実かどうかはわかりません。これが顧客アンケートなどの外部環境分析調査であれば、除外したほうがよいですが、社内調査なので、私はすべての従業員の回答を活かしたいと考えています。もちろん、不誠実回答の比率が高ければ、除外を検討する余地はありますが、基本的には除外しないということでいいと思います。

◆ 信頼性が低かったときの対応 ◆

信頼性に問題があった場合、まず、本章2項で説明した回答データの整理に問題がないかを確認します。それに問題がないが信頼性が低い場合は、「信頼性が低いが、データをそのまま使う」ことを報告書に明記した上でそのまま使い、次年度以降設問の入れ替えや設問文の修正を検討しましょう。

[※2] オメガ係数:類似の手法としては、アルファ係数のほうが有名ですが、近年の潮流を踏まえ、本書ではオメガ係数を取り上げています。

5 段階評価設問の分析

段階評価設問を可視化するにあたって考えたいのは次の7点です。

- エンゲージメント調査における段階評価設問の回答傾向
- 段階評価設問における得点の算出方法
- エンゲージメントスコアの算出方法
- 段階評価設問における回答分布の確認方法（ヒストグラム・数値化・積み上げ）
- 段階評価設問のグラフ化
- 段階評価設問における集団間比較
- 段階評価設問における経年比較

▶ エンゲージメント調査における段階評価設問の回答傾向

●中心化傾向と寛大化傾向が生じる

エンゲージメント調査のような社内調査の場合、どんなに回答が特定されないといっても、極端な回答は選びにくくなり、「当てはまらない」「どちらともいえない」「当てはまる」を選ぶ率が高まります。これを**中心化傾向**といいます。

また、同様の理由で、迷った場合には少しよい方向を選ぼうとする傾向にあります。よって「どちらともいえない」「当てはまる」の間あたりが平均になることが多くなります。これを**寛大化傾向**といいます。本音が書きにくい環境であればなおさらその傾向は強まります。

ですから、**真の中立点は「どちらともいえない」ではなく、「どちらともいえない」と「当てはまる」の間くらい**と考えて分析すると理解しやすくなります。

● **設問には「基準点」がある**

各設問には、基準点があります。たとえば、「あなたは、安全に配慮して仕事をしている」という設問があった場合、この設問で「どちらともいえない」と回答する人が多いと、かなり低いという感覚になりませんか。

一方、「あなたは、自身の人事評価に納得している」という設問で、「非常に当てはまる」ばかりだとしたら、少し違和感を覚えませんか。よほどポジティブな空気感か、強制力の働く環境でない限り、高得点にはなりにくいものだと思います。

このように、それぞれの設問には基準点があります。特に、安全意識のように低くなりすぎると困るような設問は、注意して見る必要があります。

理想的にはどの設問においても基準点が、「どちらともいえない」に近づくように文章調整を図るべきですが、その結果、わかりにくくなってしまっては本末転倒です。あえて5章では触れませんでしたが、**基準点にこだわりすぎずに設問を作成する**ことが大切だと考えています。

▶ 得点の算出方法 その1:平均値

点数化においては、平均値を用いることが一般的です。これが適切である理由を3点説明します。

1. 近似的な間隔尺度としての扱い

段階評価で用いるリッカート尺度は、厳密には順序尺度※ですが、間隔尺度※として扱っても問題ないことは多くの論文で語られています。間隔尺度とすると、選択肢間の間隔が一定と捉えられるので、四則演算ができるようになります。分布に大きな偏りがある設問の場合、盲目的に平均値を採用する危険性はありますが、エンゲージメント調査の場合、よほどの設問設計の不備がない限り、極端な偏りが生じることは少ないです。

※順序尺度:選択肢間に順序がある尺度のこと。
※間隔尺度:選択肢間に順序があるだけでなく、その間隔に意味があること。

2. 解釈の容易さ

平均値を用いることで、回答者の態度や意見の全体的な傾向を簡潔に表現できます。これにより、結果の解釈や伝達が容易になります。

3. 他企業データとの比較可能性

リッカート尺度を用いた多くの研究では、平均値が代表値として報告されています。平均値を使用することで、他企業の結果との比較が容易になる可能性が高まります。

●点数換算の方法

一般的に次の3パターンがあります。

① 1, 2, 3, 4, 5（1点〜5点の5段階）
　「まったく当てはまらない」を1点、「非常に当てはまる」を5点とする
② −2, −1, 0, 1, 2（−2点〜2点の5段階）
　「まったく当てはまらない」を−2点、「非常に当てはまる」を2点とする
③ 0点, 25点, 50点, 75点, 100点
　「まったく当てはまらない」を0点、「非常に当てはまる」を100点とする

専門的な論文では①または②の方法を採用することが多いですが、エンゲージメント調査は、社内・社外に開示するもので、感覚的に理解しやすい100点満点がいいと考えています。実際、私が提供する場合、特に要望がなければ100点満点法で換算しています。本章の解説でも100点満点法を採用します。

● 平均値を採用する際に気をつけること ●

　段階評価（リッカート尺度）の回答データは、正規分布※にしたがわないことが大半です。この場合、平均値がデータの傾向を適切に表現できていない可能性があります。

　たとえば、図表7-5-1において、分布AとBは、分布と平均値の間の違和感はないと思います。一方分布Cは、分布がいびつなのに、平均値が50点に近い値というのは違和感を覚えるのではないでしょうか。そもそも分布Cのようになる場合は、**設問に問題がある**ことが大半ですが、この場合は、回答分布も一緒に提供することが大切です。

図表 7-5-1　分布の種類

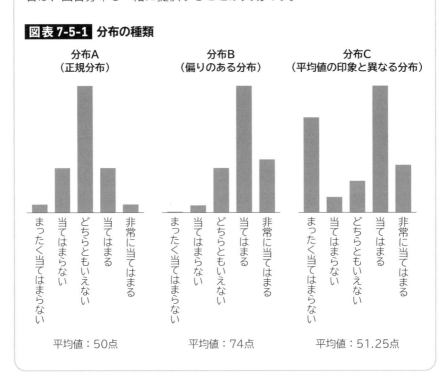

※正規分布：平均を中心に左右対称の釣鐘型をした確率分布。

▶ 得点の算出方法 その2：肯定回答割合

得点を、全回答数のうち、「非常に当てはまる」と「当てはまる」の回答数の比率で示す方法もあります。

たとえば、全回答数が500件であり、「非常に当てはまる」が40件、「当てはまる」が200件の場合、得点は48点（48%）となります。

非常に簡便な方法で、私が知る限り、多くのパッケージ型エンゲージメント調査が採用している方法です。私も、クライアントの希望次第では、この方法を採用することがあります。

本項の最初に記したとおり、回答分布には中心化傾向と寛大化傾向が生じるので、「当てはまる」と「どちらともいえない」の間で分けている本手法は、エンゲージメント調査においては理にかなっていると考えています。

〈専門B〉における得点の算出方法：
補間中央値（Interpolated Median）

平均値を用いると、分布の偏りが大きい場合、その影響を受けやすくなります。年収の平均値と中央値を比べると、多くの国民にとって中央値のほうが納得感が高いことからもわかるように、条件によっては中央値のほうが適している場合もあります。

しかし、5段階のリッカート尺度で、中央値を採用した場合、とり得る値が5種類しかなく、比較をする際に差が見えにくいという問題があります。そこで中央値を出した後、真の値が中央値の中でもマイナス寄りなのかプラス寄りなのかを計算するInterpolated Median（**補間中央値**）という方法があります。補間中央値については、計算式も含めて、読者Web特典で情報提供します。

過去、私が、本手法を適用した意識調査（エンゲージメント調査）を提供した複数のクライアントに、補間中央値と平均値のどちらが実感に近いかを伺ったことがありますが、分布の偏りが大きい場合は、補間中央値の

ほうが実感に近いという答えでした。

　なお、分布の偏りが小さい場合は、補間中央値でも平均値でも、値は大きく変わりません。補間中央値は手法としては確立されているものですが、論文数も少なく、決して著名ではありません（特に日本では）。積極的におすすめはしませんが、私自身はかなり有用性を感じています。

▶ エンゲージメントスコアの算出方法

　社内のポスターやエグゼクティブサマリー、社外開示など、特徴的な数値として示す際には、「**エンゲージメントスコア**」と呼ばれる、エンゲージメントの総論的な値を用います。この算出方法に決まりはありません。

　ですが、本書の手順で設計した設問群に沿うのであれば、総合的な設問として取り上げた1問の得点または2問の平均点（100点満点換算）、または肯定回答割合（算出された比率をそのまま100点満点に換算）をそのままエンゲージメントスコアとするのが自然でしょう。

▶ 回答ばらつきの確認

　回答のばらつきは定量化することも可能ですが、経験上、ばらつきを数値化しても、読み手はピンとこないことも確かです。

　図表7-5-2で示すように、視覚的にヒストグラムまたは100％積み上げ横棒グラフで表現することをおすすめします。

●〈専門A〉〈専門B〉のばらつきを定量化したい場合 ●

　専門Aで、得点の算出法が平均値の場合は、標準偏差を利用してよいでしょう。分布に偏りがあるときの標準偏差は、誤解を生む数値になる場合があるので、気をつけてください。

　専門Bで、補間中央値を採用した場合は、四分位範囲を提示するとよい

でしょう。補間中央値は補間第二四分位数と同値なので、補間第一四分位、補間第三四分位を算出することが可能です。読者 Web 特典でこの算出方法を解説しています。

また、肯定回答割合を採用した場合は、ばらつきだけを定量化することは適切ではありません。

図表 7-5-2 回答分布の表現方法

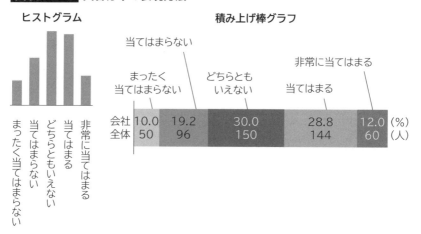

▶ グラフでの表現方法

段階評価設問の結果をグラフ化する際によく用いられる方法を紹介します（図表 7-5-3 参照）。

1. 100%積み上げ横棒グラフ

各設問の選択肢ごとの回答割合を積み上げ横棒グラフで表示します。横棒の長さは 100% になり、各選択肢の割合が色分けされて積み上げられます。設問ごとの回答分布がわかりやすいので、使いやすいです。

欠点は、他の項目との得点比較、経年比較や部門間比較などがしにくいことです。

2. 折れ線グラフ

各設問の平均値を計算し、設問順に並べて折れ線グラフで表示します。設問間の得点の差や傾向を把握するのに適しています。また経年比較や部門間比較などもわかりやすいです。

しかし分布が把握できないので、より丁寧なデータを示す場合には、100%積み上げ横棒グラフとの併用が望ましいでしょう。

3. レーダーチャート

設問数が5〜10個程度の場合に適しているため、エンゲージメント調査で採用するのは現実的ではないかもしれません。

ですが、いくつか代表的な設問を取り上げて説明する場合には、折れ線グラフより見やすい場合があります。

4. 二極分散型積み上げ横棒グラフ（Diverging stacked bar）

得点として、肯定回答割合で示す方法を採用した場合、このグラフは、肯定的な回答とそれ以外の回答を左右に分けて表示するので、肯定回答割合の量が直感的にわかります。

グラフの選択ならびに充実のためには、以下の点にご留意ください。

- グラフの種類は、設問数や調査の目的に応じて選択する
- グラフには明確なタイトルとラベルをつけ、読み手にとって理解しやすいようにする
- 必要に応じて、得点を併記する
- グラフに文章による説明や考察、特に着目してほしい箇所にマークをつけるなどして、理解の助けとする

図表 7-5-3 段階評価設問を表現するグラフ

1. 100%積み上げ横棒グラフ（設問ごとの回答傾向）

2. 折れ線グラフ（部門間比較）

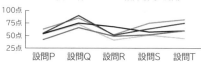

3. レーダーチャート

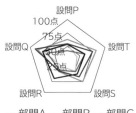

4. 二極分散型積み上げ横棒グラフ（設問Pの部門間比較）

▶ 集団間比較、経年比較の方法

「去年と比べてこの設問においては、よくなったといえるのだろうか？」
「A部門とB部門の得点差は5点だけど、差があるのかな？」

部門間や階層間を比べたい場合や、前回との比較をしたい場合があると思います。それぞれ集団間比較、経年比較と呼びますが、このような「差の解釈」では、**「実質的な差（実質差）」と「統計的に有意な差（有意差）」を理解することが重要**です。この2つの概念は、データの解釈や意思決定に大きな影響を与えます。

結論を先にいうと、分析レベル〈入門〉で実施する場合は、**実質的な差だけを検討すれば充分**です。

●実質的な差（実質差）　※〈入門〉〈専門A〉〈専門B〉いずれでも使用

「実質差」とは、観測された差が、実践的に意味があるかどうかを示すものです。実質差を定義する際に、点差の意味を考えながら定義するとよいで

しょう。

　たとえば、段階評価設問を100点満点に換算して集計した場合、「どちらともいえない」という回答は50点に該当します。全員が「どちらともいえない」から「当てはまる」に変えたら25点上昇し、半分の人が変化せず半分の人が変えたら12.5点上昇、20%の人が変えたら5点上昇します。

　個人的な見解としては、20%の一段階変化、つまり5人に1人の一段階の変化を示す5点の上昇は「少しの変化」とみなし、40%の一段階変化、つまり5人に2人の一段階の変化を示す10点の上昇は「変化」と考えます。

　これは一例なので、事務局で議論して決めるとよいでしょう。ただし、変化基準は一度決めたら固定するべきもので、都度変更することは好ましくありません。

● 統計的に有意な差（有意差）　※〈専門A〉〈専門B〉で使用

　「有意差」は統計的な概念で、観測された差が偶然ではなく、実際に集団間に差があることを示唆するものです。統計的検定をおこなう際には、段階評価に用いているリッカート尺度を間隔尺度とみなすか、順序尺度として扱うかで検定方法が変わります（図表7-5-4参照）。

　ただし、有意差検定の解釈には注意が必要です。差があることは示せますが、差がないことを証明することはできません。つまり、有意差が検出されなかった場合、それは単に「差があるという証拠が不充分」ということを意味するのみで、「差がない」と結論づけることはできません。

　また、従業員数が多い場合、わずかな差でも統計的に有意になることがあります。100点満点において、部門Aと部門Bの得点に1点の差があり、統計的に有意だったとします。しかし、1点の差では実質的には意味がないかもしれません。

　エンゲージメント調査では、実質差と有意差の両方を考慮することが重要ですが、**実質差を検証し**、必要に応じて、**有意差を検証する**という考え方がよいと考えています。有意差があっても実質差がない場合、対策立案の際に、優先順位を下げる判断ができるでしょう。

　なお、3群以上の多重比較（A部門・B部門・C部門の比較、過去2年と

の比較など）については、解説を省略します。

図表 7-5-4　差の検定方法の選択

	専門 A 間隔尺度かつ 正規分布を仮定している場合	専門 B 順序尺度として扱う場合
集団間比較 （異なる 2 集団間）	ウェルチの t 検定 (Welch t-test)	ブルンナー・ムンツェル検定 (Brunner-Munzel test)
経年比較 （異なる 2 集団間）[※1]		

● 有意差検定はそもそも必要か？ ●

そもそも、有意差検定は必要なのでしょうか。

エンゲージメント調査が全数調査であることを考慮すると、有意差検定の必要性は、標本調査ほどは高くないと考えています。一方、全数調査とはいっても未回答者はおり、測定誤差[※2]は生じるため、検定ができるのであれば、実施するに越したことはありません。

統計分析ソフトがあるのであれば、図表 7-5-4 で紹介した検定手法を使って分析することが好ましいですが、必ず実施する必要があるものではありません。

※1 経年比較を異なる 2 集団と扱うか、同一とみなせる 2 集団と扱うかは議論が分かれるところですが、N 数がかなり変わる場合もあり、異なる 2 集団とみなしたほうが合理的な場合が多く、本書では異なる 2 集団として扱うことにしています。
※2 測定誤差：回答率が、100％ではないこと。異動・入社・退職等で従業員が異なることなど。

6 単一・複数選択設問の分析

　単一選択設問の場合、回答者は選択肢の中から1つだけを選びます。このとき各選択肢の回答率は、回答者数を分母として計算します。グラフ化する際は、比率を見たい場合は円グラフ、選択肢間の比較を重視する場合は横棒グラフを使用します。

　たとえば、「あなたが会社の福利厚生で一番気に入っているものを選択してください」という単一選択設問で、選択肢が「健康保険・医療費補助」「育児・介護支援制度」「資格取得支援・教育研修制度」「社員持株会・株式報酬制度」「慶弔見舞金制度」「その他」「特にない」だった場合、図表7-6-1のような円グラフまたは横棒グラフを作成できます。

　一方、複数選択設問では、回答者は選択肢の中から当てはまるものを複数選ぶことができます。この場合、各選択肢の回答率は、**回答者数を分母**として計算します。注意点として、**分母を選択延べ数とすると、実態とは異なる結果になる**ので注意してください。円グラフは使用できず、グラフ化する際は、横棒グラフを使用するのが適切です。

　たとえば、「あなたが会社の福利厚生で気に入っているものをすべて選択してください」という複数選択設問で、選択肢が「健康保険・医療費補助」「育児・介護支援制度」「資格取得支援・教育研修制度」「社員持株会・株式報酬制度」「慶弔見舞金制度」「その他」だった場合、図表7-6-2のような横棒グラフを作成できます。

　なお、グラフの長さは、パーセントで表されていますが、その差を表現する際には、**「ポイント」と表現**します。図表7-6-1を例にすると、「『健康保険・医療費補助』と『育児・介護支援制度』の差は、6.7ポイントある」と表現します。

図表 7-6-1 単一選択設問（円グラフと横棒グラフ）

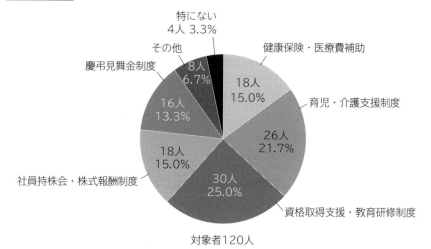

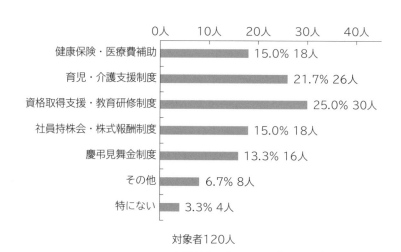

※横軸表記は「％」または「人」のいずれも可

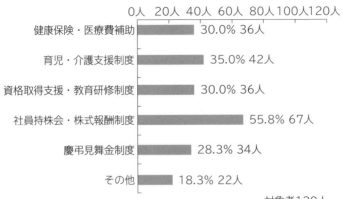

図表7-6-2 複数選択設問（横棒グラフ）

▶ 単一・複数選択設問における「差」の捉え方

前述のとおり、単一選択設問や複数選択設問においては、パーセントで表示することが一般的です。よって、このポイント差がどれくらいなのかで実質差を測ることが大切です。有意差検定は後述しますが、難易度が高いので、基本的には実施する必要はありません。

実質差におけるポイント差は、どれくらいあれば差があるとみなせるか考えてみましょう。100人のうち、Aを選択した人が10名、Bを選択した人が15名の場合、5ポイントの差があることになります。100人のうち5人の差をどう捉えるかですが、私は5ポイントの差があれば少し差がある、10ポイントの差があれば、差があるとみなしていいのではないかと考えます。

●〈専門A〉〈専門B〉単一・複数選択設問の有意差検定 ●

段階評価設問と同様、エンゲージメント調査が全数調査であることを考慮すると、有意差検定の必要性は、標本調査ほどは高くないと考えています。一方、測定誤差は生じるため、検定ができるのであれば、実施するに越したことはありません。

一方、単一・複数選択設問は名義尺度※となり、経年比較（前回と今回のみ。3回以上の比較は本書では触れない）における有意差検定は、難易度が高いです。関心がある人は、図表7-6-3の検定方法を参考にチャレンジしてみてください。

図表7-6-3 差の検定方法の選択

	単一選択設問	複数選択設問
集団間比較 （異なる2集団間）	カイ二乗検定	各回答者の各選択肢回答を 0（＝未選択）/1（＝選択）の 2値に変換し、単一選択設問 として処理
経年比較 （異なる2集団間）		

※名義尺度：順序尺度や間隔尺度とは違い、名義尺度は選択肢間に順序関係や等間隔性はない。単に異なる種類や分類を区別するための尺度。

7 自由記述〈短文〉〈長文〉の分析

　自由記述は、回答者の生の声を直接収集できる貴重なデータです。短文自由記述は、段階評価設問で算出された得点の背景を探るために活用することが多いでしょう。長文自由記述は、設問群全体に対する背景事情を把握できるように設定されていることが多いです。
　自由記述の分析には独特の難しさがあります。回答者によって表現や言葉の使い方が大きく異なるため、統計的な処理の難易度が高く、かといって、単純な集計では意味のある結果が得られないことも少なくありません。

▶ 自由記述の分析方法

　自由記述の分析方法は、テキストマイニングソフトがあるかないかで、大きく変わってきます。テキストマイニングとは、大量の文章データ（テキストデータ）から、有益な情報を取り出すことをいいます。
　基本的な分析方法は、短文自由記述であっても長文自由記述であっても変わりません。まず、全体的な分析の流れを説明した後、短文、長文それぞれ固有の注意点について解説します。

STEP1. 各自由記述の文章を校正する
　基本的な校正としては、誤字脱字を中心に、文章の誤りを修正します。また、これに加えて文章を整えるための構成をします。
　人それぞれ、文章にはクセがあります。「あぁ、これを書いたのは○○だな」という会話が報告会の際に聞こえてきます。その推測が合っているかはわかりませんが、人は自然と「誰が書いたのか？」に関心をもちます。匿名性を担保するためには、できるだけ書いた人がわからないように修正する必要があります。たとえば以下のような方法があります。

- 箇条書きにする
- 文章を常体（「です」「ます」で終わる敬体文ではない）で揃える
- 一文がかなり長い場合、文を区切り、一文を短くする
- 文章中に個人名を含む場合、個人を特定できないように加工する。加工が難しい場合は、抹消も検討する

▼

STEP2. 各自由記述の文章の特徴を見いだす

　目視や生成AI（注意点は後述）を活用することで、キーワードを検出することも可能かもしれませんが、回答対象者が多い場合、その特徴を見いだすためには、テキストマイニングソフトの活用が理想です。もっとも重要なのは、**頻出するキーワードを見つける**ことです。

　ソフトの利用が可能であれば、そのキーワードがどのような文脈で使われているのか、肯定・否定いずれの概念で利用されているのか、また、部門別や年代別に見ると、どのような特徴があるのかなどを分析しましょう。ただし、機械的な処理だけでは文脈やニュアンスを適切に捉えられないリスクがあるため、適宜、人の目でレビューをおこなうことが重要です。

　さらに、分析の目的に応じて適切な分析単位（文、段落、回答全体など）を設定し、回答者の属性情報と紐づけて分析することで、より深い知見が得られるでしょう。クラスター分析、共起ネットワークや対応分析を用いることで、年代ごとの記入傾向などを確認できます。

▼

STEP3. 自由記述データの解釈

　自由記述は校正がなされた後であれば、自由に読んでもらっても構わないのですが、量が多いと読み手自身の関心事しか頭に残らないこともあります。

　そのためにも、**事務局が客観的に解釈したコメントをつける**ことは極めて効果があります。

STEP2でテキストマイニングを実施した場合は、その結果に基づいてコメントをつけるとよいでしょう。テキストマイニングが利用できない場合は、自由記述を事務局メンバーで読み、KJ法※などを活用して、キーワードをもとに、要点を整理するのもいいでしょう。

▶ 自由記述分析で意識すること

●短文（50字程度）の自由記述
1. 文脈の解釈
　文脈が限定的になりがちです。回答者の真意を汲み取るために、関連する段階評価設問の設問文などを考慮しながら、文脈を注意深く解釈することが重要です。
2. キーワードの抽出
　短文なだけに、キーワードがはっきりとしていることが多いものです。頻出するキーワードや、特徴的なキーワードに着目し、回答者の関心事や課題を把握しましょう。
3. 言葉の揺らぎ
　回答者によって言葉の選択や表現方法が異なる場合があります。同じ意味をもつ言葉のバリエーションを認識し、適切にグルーピングすることが求められます。

●長文の自由記述
1. 全体の文脈と構造の把握
　複数の話題や意見が含まれている可能性があります。全体の文脈を把握し、回答の構造を理解することが重要です。段落ごとの主題を捉え、回答者の主張の流れを追うことが大切です。

※ KJ法：断片的な情報・アイデアを効率的に整理する目的で用いられる手法。

2. 詳細な情報の整理

詳細な説明や具体例が提供されることがあります。これらの情報を適切に整理し、カテゴリー分けすることが必要で、情報の優先順位が大切です。

3. 関連性の低い情報の取り扱い

設問と直接関連性の低い情報が含まれていることがあります。これらの情報を適切に処理し、分析の対象から外すことが必要な場合があります。ただし、関連性の低い情報の中にも、回答者の背景を理解するための手がかりが隠れていることもあるので、安易に除外することは避けましょう。

▶ 自由記述分析用ソフトウェアの選択方法と留意点

自由記述の分析方法で示した、校正とテキストマイニングについては、ExcelやWordでは充分な対応はできません。

校正は、ジャストシステムが販売しているPCインストール型のJust Right! シリーズが、費用対効果を考えると圧倒的に秀逸です。他にもクラウド型、インストール型問わず、何種類かあります。

テキストマイニングは、立命館大学の樋口耕一教授が開発した、KH Coder（ケーエイチコーダー）というインストール型ソフトが非常に高品質、かつ安価です。一般に、テキストマイニングソフトはかなり高額なので、それと比べるとデザイン性等は劣りますが、機能は充分です。

いずれのソフトを選択するにせよ、分析ツールを選択する際には、いくつかの重要な点に留意する必要があります。

1. データのセキュリティとプライバシー

インストール型のツールか、情報保護に関して明確な方針が示されているクラウド型ツールを選びましょう。クラウド型の場合、データが学習に使用されないことが保証されているかどうかを確認することが重要です。

2. 生成AIの活用

キーワードの抽出などの単純なタスクには、生成AIを活用することができます。ただし、生成AIを使用する際にも、データのセキュリティとプラ

イバシーに関する留意点は同様に当てはまります。信頼できる生成AIサービスを選択し、データの取り扱いについて充分に確認しましょう。

3. 将来的なテキストマイニング

近い将来、テキストマイニングソフトが生成AI機能をもつ形で、すべての自由記述データを読み込ませて、傾向分析をおこなうことが主流になると予想され、大量のデータから効率的に知見を得ることができるでしょう。

セキュリティ、プライバシー、使いやすさ、拡張性などの点に留意しながら、生成AIの活用などの新しい技術動向にも注目し、自社のニーズに最適なツールを導入すればいいと思います。

▶ エンゲージメント調査は、自由記述だけでもよいか

定量化された段階評価設問よりも、自由記述のほうが心理的なインパクトが大きいため、報告会の際に「定量的な評価は不要で、自由記述だけで充分ではないか」という声が上がることもあります。

しかし、自由記述だけにする場合、3つの問題点があります。

●問題点1：解釈に偏りが生まれる

図表7-7-1は、当社が今までに実施したエンゲージメント調査における、総合的な設問に対する自由記述の記入傾向を表したものです。

総合的な設問は段階評価を用いた5段階で、それぞれにおける、任意回答の自由記述の記入率をイメージ図で表しています。

自由記述の記入者に絞った平均点は、**全回答者の平均点より低くなる傾向**にあります。この背景には、両極の選択肢の回答層は、自由記述を記入しない傾向にあり、満足層と不満層では不満層のほうが記入する傾向があることが挙げられます。つまり、**自由記述だけを読んでいると、実際の風土よりも悪く感じられる傾向がある**ということです。

この傾向は、一般の市場調査とは異なります。利害関係のある中で実施される社内調査だからこそ生じる傾向ともいえます。

図表 7-7-1 全回答者と自由記述記入者の意識差イメージ

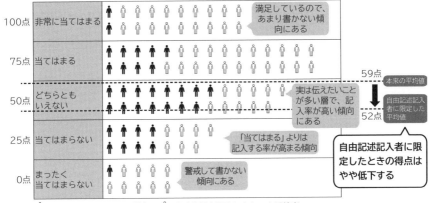

●問題点2：自由記述の論点がばらける

段階評価設問を省略し自由記述のみで実施すると、自由記述設問の設問文がどうあれ、回答の論点が大きくばらつく傾向があります。

段階評価設問が設定されることにより、回答者が論点を整理する助けになり、一定の範囲内に収まった自由記述の収集が見込めます。

●問題点3：虚偽の記述を含むことがある

実施回数を重ねるほど、虚偽を含む可能性が高まることを実感しています。一番多いのは、噂話の盲信と嫌いな上司への根拠のない悪評です。段階評価設問があれば、自由記述未記入層の評価も確認できます。

このように、自由記述は大変有用な情報を含んでいますが、自由記述のみで事後対応を考えてしまうと、大きく判断の方向を見誤る可能性をはらんでいることを理解していただければと思います。

あくまで、段階評価設問における得点と併用してこそ、自由記述は正しく活用することができるのです。

8 設問間の回答傾向を比べることによる分析

設問間の分析では、次の方法について説明します。

- 設問間のクロス集計
- 設問間の相関関係分析
- 設問間の因果関係分析

本項を正しく理解するためには、相関関係と因果関係の違いを把握することが大切です。まず、これを解説した上で、3つの方法の解説に進みます。

▶ 相関関係と因果関係の違い

相関関係は「AとBに関連性がある」ことで、因果関係は「Aが原因でBが結果」という関係にあることをいいます。

相関と因果は混同されやすく、普段目にする記事でも、相関しかわかっていないのに、あたかも因果があるかのように書かれていることがあります。

図表7-8-1 相関関係と因果関係

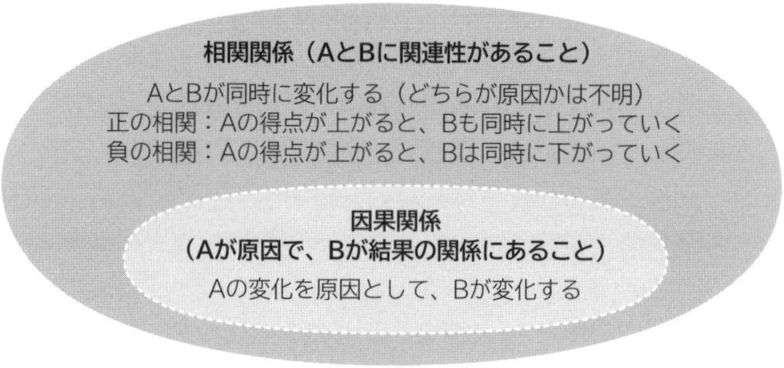

相関関係（AとBに関連性があること）
AとBが同時に変化する（どちらが原因かは不明）
正の相関：Aの得点が上がると、Bも同時に上がっていく
負の相関：Aの得点が上がると、Bは同時に下がっていく

因果関係（Aが原因で、Bが結果の関係にあること）
Aの変化を原因として、Bが変化する

相関と因果は似て非なるものです。具体例を見ていきましょう。以下に示す設問Aと設問Bの間に強い相関があったとします。AとBの関係性は明らかですが、AとBの因果関係までは断定できていないとします。

《設問A》あなたは、上司が部下に対して公平だと感じている。
《設問B》あなたは、業務を通じて成長を実感している。

これに対する"理論上の"正しい読み取り例と"理論上の"誤った読み取り例を見てみましょう。

《正しい読み取り例》「上司の公平さと各自の成長実感には強い関連性がある。これをさらに調査し、職場環境の改善に活用できる可能性がある」
《誤った読み取り例》「上司が公平であれば、必ず部下の成長実感が高まる。したがって、上司の公平性を高めることが、部下の成長実感向上の最良の方法である」

この《誤った読み取り例》では、相関関係を因果関係と混同しています。実際には、上司の公平さと成長実感の両方に影響を与える第三の要因（例：充実した研修制度）が存在する可能性や、成長実感が高い人ほど上司を公平だと感じる逆の因果関係の可能性もあります。

データ分析において、相関関係を見出すことは重要な第一歩です。しかし、そこから因果関係を導き出すには、さらなる検証と考察が必要です。

一方、分析結果を解釈する際は、自身の経験や実感を活かすことも大切です。ただし、それらに頼りすぎると思い込みや偏見に陥る危険性があります。常に客観的な視点をもち、安易に因果関係を決めつけないよう注意が必要です。

もちろん実務上は、事務局で充分に議論した結果、どう考えても《誤った読み取り例》が正しいと思うこともあるでしょう。これを「踏み込んだ読み取り」として、「理論上は《正しい読み取り例》だが、実感を踏まえると《誤った読み取り例》になる」と報告書に書くことは、私は間違っていないと思います。あくまで、相関と因果の違いを把握しておくことが大切です。

因果関係の判断基準

　疫学研究の世界で用いられるヒルの因果基準について紹介します。これは、ある要因Xが、ある疾患Yの発症に影響を与えているかどうかを評価する場合に用いる手法で、疫学以外の世界でも応用されています。ここでは、エンゲージメント調査の中で、理解しやすい言葉に整理しました。

- **時間的前後関係（Temporal precedence）**：原因となる事象が結果となる事象に先行して起こっていること。つまり、原因が結果よりも時間的に先行している必要がある。
- **共変関係（Covariation）**：原因と結果の間に関連性があること。原因が変化すれば、結果も変化するという関係性が観測できること。
- **第三要因の排除（Ruling out confounding factors）**：原因と結果の関係が、他の項目によって説明できないこと。つまり、第三の項目が原因と結果の両方に影響を与えている可能性を排除できること。
- **理論的整合性（Theoretical plausibility）**：原因と結果の関係が、既存の理論や知識と整合していること。因果関係の主張が、現在の科学的理解と矛盾しないこと。
- **反事実的条件（Counterfactual condition）**：原因が存在しなかったら、結果も起こらなかっただろうという条件。つまり、原因がなければ結果が生じないということ。
- **効果の大きさ（Effect size）**：原因と結果の関係の強さ。原因の変化が結果に与える影響の大きさが、実質的に意味のあるものであること。
- **量-反応関係（Quantitative-response relationship）**：原因の量や強度が増加するにつれて、結果の量や強度も増加するという関係性が観察されること。
- **実験的証拠（Experimental evidence）**：原因を操作することで結果が変化するという実験的証拠があること。ランダム化比較試験（RCT）などの実験研究で因果関係が支持されること。

> ● 因果関係について学びたい方への参考書籍 ●
>
> ■『データ分析の力 因果関係に迫る思考法』（伊藤公一朗著、光文社新書）
> ■『Pythonによる因果分析』（小川雄太郎著、マイナビ出版）
> ■『調査観察データの統計科学』（星野崇宏著、岩波書店）

▶ 設問間のクロス集計

　設問間のクロス集計は、ある設問の回答を基準に、他の設問の回答傾向を分析する手法です。たとえば、「あなたは、働きがいを感じているか」という設問があるとします。この設問に対して肯定的な回答をした人と、そうでない回答をした人に分けます。そして、それぞれのグループで、「あなたは、会社で働き続けたいか」という別の設問の回答傾向を比較します。

　もし働きがいを感じているグループのほうが、働き続けたいと回答する傾向があれば、働きがいと働き続ける意欲には関連があると考えられます。

　ただし、クロス集計の結果だけでは、働きがいが働き続ける意欲を直接的に高めている（因果関係がある）とはいい切れません。働きがいと働き続ける意欲の両方に影響を与える別の要因が存在する可能性もあるからです。

●単一・複数選択設問の回答をひとつの「属性」と捉えて分析する

　たとえば、「あなたは、部門間に壁があると感じる原因は何だと思いますか？　当てはまるものをすべて選択してください」という設問があったとします。仮に選択肢が、「部門長同士の不仲」「部門間のコミュニケーション不足」「部門間の権限や責任の不明確さ」とあったとします。

　このとき、それぞれを選択した回答者間で、どれくらい得点差が出るのか確認することもできます。たとえば、ある部門において、「部門間のコミュニケーション不足」を選んだ従業員の回答に絞り込んだら、コンプライアンス関係の設問の得点がかなり低かったとします。この場合、部門間でハラスメント的なことが生じている可能性が想定でき、その前提で自由記述を見ると

理解が深まることもあり得るわけです。

切り口を増やすことで、問題が見えやすくなることもありますので、そういった場合に活用することもいいかと思います。

● **自由記述に回答傾向の「ラベル」を貼り、それを「属性」として分析する**

自由記述一つひとつに、回答者の意見を要約するラベル（キーワード）をつけます。そして、そのラベルを回答者属性のように扱い、回答者を分類することで、ラベルごとの総合的な設問の得点差を比較できます。

これは、自由記述の内容と定量評価の関連を理解するのに役立ちます。

ただし、ラベルをつける作業は、客観性を保つことが難しく、つけ方によって結果が変わるため、慎重で丁寧な作業が必要です。

そのため、自由記述のラベルづけは、報告書の作成段階でおこなうよりも、報告後に特定の事柄について深く掘り下げる際におこなうのが現実的でしょう。報告書に間に合わせようとすると、充分な時間を確保できない可能性が高いためです。

▶ 設問間の相関関係分析

設問間の相関関係は、段階評価設問間の相関関係に絞って解説します。段階評価設問間の相関関係を分析する際、分析レベルに応じて異なる相関係数を使用します。

〈入門〉〈専門A〉：ピアソンの積率相関係数を使用。リッカート尺度を間隔尺度とみなし、回答分布が正規分布にしたがうとする。

〈専門B〉：スピアマンの順位相関係数を使用。リッカート尺度を順序尺度とする。

相関係数は-1から1の間の値を取り、絶対値が大きいほど強い関係性を示します。ピアソンの積率相関係数とスピアマンの順位相関係数は、前提条件が異なるため単純に比較できませんが、採用した分析レベルに応じた手法を

使えば問題ありません。

●**ポートフォリオグラフ**

相関係数を利用してグラフ化する方法は比較的簡便で、因果関係ではないものの、打ち手が見えやすくなるグラフです。

設問群において、設問 $Y_1, Y_2, Y_3, ..., Y_n$ があり、総合的な設問 X があるとします。このとき、図表7-8-3に示すように、縦軸を各設問の得点 S_Y とし、横軸を X と Y_i の相関係数 C_{XY} とした図を描きます。縦軸と横軸の設定は様々な方法がありますが、もっとも簡便な方法を取りました。

因果関係ではない点に注意が必要ですが、図表7-8-3の右下のゾーンに入る設問項目 Y_i は、総合的な設問 X の改善に向けた打ち手になる可能性があると考えることができます。

ただし、繰り返しになりますが、あくまで相関関係にすぎません。ですが設問群をつくる際に、総合的な設問は結果因子（最終的に達成したいもの）になっていると考えられるので、正しく設問群が構成されていれば、経験上、大きく解釈を誤ることはないと考えています。

図表7-8-3 ポートフォリオグラフ

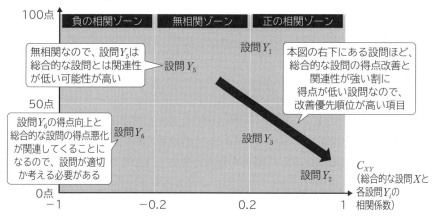

▶ 設問間の因果関係分析

　設問間の因果関係も、段階評価設問間の分析に絞って解説します。前述のとおり、因果関係の推論は極めて難しいため、ここでは概要のみを紹介します。知識として理解してください。
　因果関係を推論する手法として、構造方程式モデリング（SEM）とベイジアンネットワークを紹介します。

●構造方程式モデリング（SEM）
　観測変数（設問項目）と潜在変数（エンゲージメントに関連する要因）の関係を定義する測定モデルと、潜在変数間の因果関係を定義する構造モデルを組み合わせて分析します。これにより、エンゲージメントに影響を与える要因を特定し、関係性の強さを定量的に評価することが可能になります。

●ベイジアンネットワーク
　変数間の依存関係をグラフ構造で表現し、条件付き確率を用いて因果関係を推論する手法です。各変数をノードとして表現し、ノード間の関係を有向グラフで示します。ベイジアンネットワークでは、事前知識とデータから変数間の因果関係を学習し、未知の変数の状態を予測することができます。

　ただし、どちらの手法においても、適用には充分なサンプルサイズと理論的根拠に基づいたモデル構築が必要です。また、モデルの適合度の評価と修正も重要です。
　これらの手法を適切に使用することで、エンゲージメントの向上に向けた施策の優先順位づけや、施策の効果の予測に役立てることができます。しかし因果関係の推論には、適切な変数設定と統計的知識、理論的理解が不可欠なため、専門知識のある人に相談することをおすすめします。

業績指標との関係性分析

　エンゲージメント調査の結果と業績指標の関係性を分析することで、従業員のエンゲージメントが企業の業績にどのような影響を与えているかを知ることができます。本項では、相関分析と重回帰分析を用いて、エンゲージメント調査の各設問と業績指標の関係性を探る方法を紹介します。

▶ 相関分析による方法

以下の手順で相関分析をおこないます。

1. データの準備
- 部門ごとに、エンゲージメント調査の各設問の得点を算出
- 部門ごとの業績指標データ（売上高、利益率、不良発生率など）を用意

2. 相関係数の算出
- 部門を単位として、業績指標とエンゲージメント調査の設問別得点の相関係数を算出
- 相関係数が高い設問項目が、業績指標に影響を与えている可能性が高いと判断する

3. 経年比較
- エンゲージメント調査複数回のデータを用いて、相関係数の推移を確認
- 相関係数の変化を追跡することで、エンゲージメントと業績指標の関係性の変化を把握

　相関分析により、エンゲージメント調査の特定の設問と業績指標の間に強い関係性があることが明らかになった場合、その設問に関連する施策を講じることで、業績の改善につなげることができます。

> ● 業績指標は各指標において、適切な標準化が必要な場合もある ●
>
> 業績指標を部門ごとの売上データとした場合、売上高の差異が大きい場合は、相関係数がゆがめられる可能性があります。この問題に対処するために、たとえば以下の方法が考えられます。
>
> 【売上高の偏差値化】
> 　全支店の売上高データを偏差値化し、支店間の売上高の差異を標準化
> 【売上高の前年比増減率の活用】
> 　売上高の絶対値ではなく、前年比増減率を用いて相関分析をおこなう
>
> 　これらの方法を用いることで、部門間の売上高の差異による影響を軽減し、エンゲージメント調査の各設問と売上高の関係性をより正確に分析することができます。これは、次で説明する重回帰分析でも同様です。

▶ 重回帰分析による方法

　重回帰分析は、複数の説明変数を用いて目的変数を予測するモデルを構築する統計手法です。エンゲージメント調査の複数の設問が業績指標に与える影響を分析するために、重回帰分析を用いることができます。

1. データの準備
   - 部門ごとに、エンゲージメント調査の各設問別の得点を算出。
   - 部門ごとの業績指標データ（売上高、利益率、不良発生率など）を用意。
2. 重回帰モデルの構築
   - 目的変数を業績指標、説明変数をエンゲージメント調査のいくつかの設問として重回帰モデルを構築。
   - 各説明変数の係数の大きさと符号から、各設問に準じる行動の、業績指標に対する影響の大きさと方向を判断。

3. モデルの評価

- 決定係数（R^2）により、モデルの説明力を評価。0から1までの値を取り、1に近いほど、当てはまりがよい、すなわち説明変数が目的変数を説明できているといえる。
- 経年比較により、モデルの安定性を確認。

重回帰分析により、エンゲージメント調査の各設問に準じる行動が業績指標に与える影響を総合的に評価することができます。影響の大きな設問を特定し、それらに関連する施策を優先的に実施することで、効果的な業績改善を図ることができます。

● 説明変数は絞り込む必要がある ●

エンゲージメント調査の設問は50問前後ある場合もあり、これをすべて説明変数とすることは、多重共線性という分析結果をゆがめてしまう現象が起きやすくなります。

説明変数の選択方法は多々ありますが、基本的には相関係数が高い変数同士を選ぶことは好ましくありません。選択した説明変数の独立性が高いほうがよいでしょう。ただし、説明変数の選択においては、相関係数だけでなく、概念的な重要性や変数選択手法（ステップワイズ法など）も考慮する必要があります。

10

企業事例③
グラフだけを見て、データと実感に向き合う

企業情報
- ■**社名**：C社
- ■**業種**：製薬業
- ■**従業員数**：約2000名
- ■**主担当部門**：管理部門

▶ **インタビュー**（M.K. 氏）

Q. 組織風土改革プロジェクトの一貫として、組織風土の定点調査をおこなうことに決めたそうですね。

　ある問題をきっかけに、組織風土改革をはじめたのはいいのですが、そもそも風土改革の成果というか、KPIのようなものがほしいと思うようになりました。風土改革を支援してもらっていた冨山さんに相談したところ、定点調査、つまり、社員に対するアンケートがいいのではないかという提案をもらい、実施することにしました。定点調査ツールとしての機能は充分果たしたのですが、それ以上に自由記述に結構いろいろと社員が書いてくれることもわかり、何より結果を基に、こんなにハッキリと「打ち手」が見えるとは思っていなかったので、導入してよかったと思っています。

Q. 報告書を仕上げる前に、プロジェクトメンバーで1日掛けてデータを読み込んで議論したと伺いました。

　報告書は、冨山さんが作成してくれることになっていましたが、専門家がつくり込んでしまった後だと、「あー、そうなんだ。こういうことなのね」と

いう形で、結果に対して受け身になってしまうのではないかと考え、あらかじめ、議論の場を設けることにしました。もちろん、データの読み方でよくわからないところもあるのですが、プロジェクトメンバーでいろいろな意見を出し合いながら読んでいくと、不思議とデータと実感の結節点が見えてくるもので、自分たちでしっかりと考える機会になったと思っています。

Q. 報告書が完成する前に、自分たちでデータを読み込んだ一番のメリットは何でしたか？

　役員や部門長に対して、風土改革の現状を、自信をもって自分たちの言葉で伝えられたことですね。これは一番のメリットだったと思います。聞く側もそういう、自信というか、明瞭さというのは感じるものだと思うので、納得して取り組んでくれた幹部も多かったと思っています。

　見た目がきれいな報告書も大切ですが、自分たちが泥くさく感じ取った意見が反映された報告書のほうが「効く」という実感をもちました。

　ただ、調査を繰り返していく中で、馴れてきてしまって、部門長に対して強く対策を求めるようなこともありましたが、部門長の意見も聞きながら進めるという基本に立ち戻って取り組むことができたと思っています。

　　　　　　　　　　　　　　　取材：冨山陽平（2024 年 5 月 10 日）

7章のまとめ

➡ 分析の目的を見失わないよう、データの透明性を保ち、誠実にデータと向き合う。エンゲージメント調査の真の目的を踏まえ、適切な分析を心がけることが大切である。

➡ 分析の際は、妥当性と信頼性を検討し、データの質を確保することが重要だ。これにより分析結果の信頼性を高めることができる。

➡ データの整理方法から、段階評価設問、単一・複数選択設問、自由記述の取り扱いまで、実践的な分析手法を紹介する。それぞれの設問タイプの特性を理解し、適切な分析方法を選択することが重要である。

➡ 分析結果を適切にグラフ化し、視覚的に表現することで、データの傾向や特徴を明確に伝えることができる。グラフの種類や表現方法を工夫し、読み手にとって理解しやすい可視化を目指す。

➡ 設問間の関係性を探るために、クロス集計や相関分析を活用する。ある設問の回答を基準に、他の設問の回答傾向を分析することで、設問間の関連性を把握できる。また、相関関係と因果関係の扱いに気をつける。

Column 統計に詳しい従業員に突っ込まれたら？

　たとえば、エンゲージメント調査の結果報告会で、統計知識の深い従業員から本質とは異なる議論を繰り返しもちかけられ、時間が割かれてしまうことがあります。私も経験があります。

　もちろん、本筋の理解に影響する質問や補足は大歓迎ですが、本人のこだわりや知識自慢のような質問が繰り返されると、本筋の話を聞きたい従業員に充分なフィードバックができなくなります。この問題への対処策としては、次に掲げることをご検討ください。

1. 事前の周知徹底

　報告会の目的と議論の範囲を事前に明確に設定し、参加者全員に周知しておくことが重要です。統計的な詳細よりも、調査結果から読み取れる組織の課題や改善点に焦点を当てることを強調しましょう。

2. 別の場での議論の場の設定

　統計的な詳細について深く議論したい従業員がいることが見込まれる場合、報告会の前後に、あらかじめ質問を受け付ける期間を設けることも効果的です。改めて別の日に場を設ける必要はないと考えています。

3. 統計の専門家の同席

　外部委託の場合、統計の専門家に同席してもらうのも有効です。専門家が統計的な質問に答えることで、進行役は本来の議論に集中できます。ただし、事前に専門家と充分に打ち合わせ、会議の目的を共有しておくことが必要です。

　「統計に詳しくない人だけで調査を実施したのでは」と考えて質問する人もいるので、専門家が参加するだけでそういった質問は減る傾向にあります。

第Ⅲ部

活用編
――エンゲージメント調査の効果的な運用

8章

対策立案プロセス
──データを活かすコメントと対策の立案

● ○ ● ○ ●

　収集した回答データの分析結果を踏まえた報告書の作成は、調査結果を組織内で共有し、エンゲージメント向上のための施策につなげる上で重要な役割を果たします。

　本章では、効果的な報告書の構成方法と、報告書内で使用するデータに対するコメントのつけ方について解説します。また、データ分析の結果をもとに、エンゲージメント向上のための対策を立案する方法についても説明します。報告書の構成の観点から、データとコメント、対策の関連性を明確にし、読み手にわかりやすく伝える方法について説明します。

1 報告書を構成する上で意識する視点

　第Ⅲ部は分析したデータを報告書にとりまとめ、活用していくことについての解説になります。まず報告書のあり方について説明した後、コメントのつけ方、対策の立案方法を説明する形で進めます。

　報告書は何を意識して構成するといいのでしょうか。
　私は、**結果を活かして**、**問題解決に向けて行動してもらうこと**を常に念頭に置いて構成しています。
　そのためには報告書を作成するにあたって、次の5つの重要な視点があります。

1. コンサルタントの視点で客観的に書く

　事務局メンバーは、自社の文化や業務を把握しているからこそ、ときとして主観的な判断に陥りがちです。報告書を作成する際には、外部のコンサルタントになったつもりで、客観的な視点を保つことが求められます。もちろん、主観を完全に排除する必要はありませんが、客観的に把握することを中心に据えるようにしましょう。

2. 忖度せず、真摯に結果を報告する

　社内の人間関係や権力構造に影響されることなく、調査結果をありのままに報告することが大切です。上司の期待や予想に沿うように結果を操作したり、不都合な事実を隠したりすることは避けましょう。そうせざるを得ない状況になってしまったときには、抱え込まずに、事務局メンバーで対策を相談するようにしましょう。

3. シンプルで明快な報告書を心がける

　報告書の本質は内容にあります。デザインや体裁にこだわるあまり、肝心の調査結果や分析が疎かにならないよう注意が必要です。わかりやすく、シンプルなデザインを心がけ、コメントも要点を押さえた簡潔なものにまとめましょう。

　こういう報告書は分厚くあるべきだというふうに考える人もいますが、要点さえ伝えれば、それ以外の詳細情報は、求めに応じて提示する形でも構いません。

4. 読み手に伝わる視点・言葉選びを意識する

　報告書やそれに類するものは、様々なパターンで作成しますが、それぞれの読み手を意識した、伝わりやすい表現を心がけましょう。経営陣向けのときは経営視点で、一般社員向けには一般社員の視点で書くことが大切です。

5. 調査結果の活用方法を提案する

　エンゲージメント調査は、調査結果をもとに組織の改善を図ることを目指してこそ質が高まります。そのためには、報告書において、結果のみならず、**調査から得られた知見をもとに、具体的な対策を立案する**ことが大切です。

　エンゲージメントスコアが低い部門や職種については、その原因を分析し、改善に向けた取り組みを提言します。一方、高いスコアを維持している部門や取り組みについては、その成功要因を明らかにし、他の部門への展開を促すことも有効です。

　報告書を作成する段階で、事務局メンバーは自社の文化や状況についてかなり熟知した状態になっていることが多いです。その強みを活かしつつ、常に客観性を保ち、調査結果を正しく伝え、組織の改善に活かすための具体的な提案をおこなうことが、事務局の重要な役割といえます。

2 報告書の構成

　企業規模が小さければ、シンプルに一種類の報告書を構成すればいいと思いますが、従業員数が概ね300人を超える規模の場合、何パターンかの報告書を作成すると便利ですので、本項ではそのような規模の企業を例に説明していきます。

　報告書やそれに類するものを、6種類作成します。6種類というととてつもなく膨大に見えますが、速報版・詳細版の報告書を手始めに、縮約しながら他の報告書を作成していくイメージです。

　ページ数でいうと、**詳細版**は、グラフが多いと200ページ〜300ページくらいになることもあります。

図表 8-2-1 報告書の種類

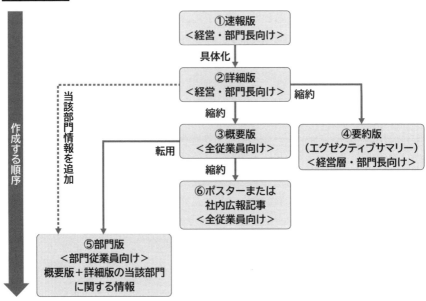

①速報版の構成

調査が完了し、データ分析が一部完了した時点で、**できるだけ迅速に回答率と会社全体データの経年比較を伝える**ようにします。この段階では特にコメントは不要です。A4用紙1ページ〜2ページ程度で構いません。

会社全体に開示するかどうかは会社の判断によりますが、基本的に開示して問題ありません。

②詳細版の構成

大規模な企業の場合、グラフの数が増えるので、200ページを超える場合もあります。詳細版は基本的には印刷をするものではなく、電子データで保存し、必要に応じて閲覧するものです。概要版、エグゼクティブサマリーを作成する上で重要な資料になるので、丁寧に作成します。

図表8-2-2 詳細版の目次例

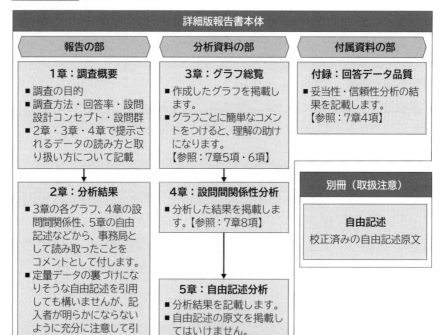

※【参照】は本書における参照箇所

目次例としては、図表8-2-2のようになります。
「報告の部」「分析資料の部」「付属資料の部」の3部構成でつくっておくとわかりやすいでしょう。

③概要版の構成

概要版は、10ページ～20ページ程度にまとめるといいでしょう。詳細版のうち、**会社全体の傾向がわかる情報のみ**を抜粋します。報告の部を縮約したものに加えて、グラフ要覧と自由記述分析の最小限のものを掲載するようにします。

④要約版（エグゼクティブサマリー）の構成

要約版（エグゼクティブサマリー）は、シンプルに1ページにまとめたものです。情報は限られますが、特に**役員の頭に残してもらいたいキーワード**を意識したつくりにします。

役員報告に際は、概要版とエグゼクティブサマリーをベースにした、プレゼンテーション資料を作成するのが通例です。

⑤部門版の作成

部門版は、概要版をベースに、詳細版の「グラフ一覧」のグラフから、全体と自部門が関連するグラフのみを抜き出したもので構成します。

⑥ポスターや社内広報記事の作成

ポスターや広報記事は、構成はエグゼクティブサマリーと似ていますが、もっとシンプルで構いません。従業員に押さえておいてほしいキーワードを意識した構成にします。特に、対策に取り組む旨と役員からのメッセージをつけておくといいでしょう。

図表 8-2-3 要約版（エグゼクティブサマリー）の例

従業員間の関係性は良好で、会社のブランド価値理解と期待感は高い。しかし、会社方針の浸透度には部門間で大きな差がある。これは上司のリーダーシップと強く相関しており、自由記述からも、上司が会社方針を部門方針に落とし込めている部門では、方針が浸透しエンゲージメントスコアも高い。この格差は自由記述の傾向にも表れ、提案型（能動的）と批判的（受動的）な記述に二極化している。

A. 分析概要

【調査目的】
経営方針に対する理解度、納得度を測るとともに、当社で働くこと・現在業務に取り組むことのやりがいを計測することで、当社における「エンゲージメント」のレベルを把握すること。
【調査期間】20x3年9月15日～9月29日
【回答率】87.2%（回答者2589名/対象者2968名）
【20x2年調査との違い】属性は部門/職種/年代（年代を追加）

回答率は充分に高い
（20x1年: 85.1%、20x2年: 87.2%）

B. 質問の構成

経営 — 企業ブランド
意見の透明性
経営の重要課題の理解・信頼・浸透
浸透・信頼
従業員：個人の考え方／職場の状態／上司の姿勢

全56問（5段階定量回答50問、50字記述4問、400字記述2問）

C. 分析の結果（得点）

- 管理職のリーダーシップの差が大きい。 → 会社の方針に対する理解度に影響があり、エンゲージメントスコアにも大きな影響が生じている
- 一人ひとりの成長意欲を活かせる人間関係になっていない。 → 人間関係は良好だが、お互いの成長につながるようなコミュニケーションにはなっていない。

管理職のリーダーシップ力に差がある。業務特性の影響もありそうだが、検証が必要。職場内コミュニケーションも、お互いの能力を引き出すものにはなっていない。

D. 分析の結果（自由記述）

- 多くの従業員が考えながら仕事をしており、提案をもっている。 → 考えはもっており、その質も高そうだが、職場内で実現できているわけではなさそうだ。
- 職場に対する不満よりも上司に対する不満。 → 上司の部下に対する公平性や、旧態依然とした思考にともなう、働きにくさ。

意見をもっている従業員は多いようだが、職場内で、その意見が交わされているわけではないようだ。一方、不満に関しては、特定の職場に集まっている傾向。

E. 今後の対策のポイント

管理職における方針を伝える重要性の浸透 ＋ 意図的に議論の場をつくる

- 【職場】会話の質を変え、日常の仕事のプロセスに着目した会話を増やす
- 【会社】管理職のリーダーシップ力を改善する具体的な仕組みの検討

▶ 報告書は形式面以上に的確な内容

　私の経験では、日本企業では役員等の上位者向けの報告書を作成するときには、形式的な側面を重視する傾向が強いように感じます。

　たとえば、役員向けの報告書を提出する際には、担当部門による精査や提出形式に対する細かい指示があるケースもありました。しかも、その際のチェックポイントは内容ではなく、「誤字脱字」「製本の有無」「印刷の品質」「重箱の隅をつつくような内容指摘」などだったこともあります。

　極端な例では、100ページの製本された報告書の60ページ目くらいに5文字程度の誤字があったために、再製本を求められたこともありました。もちろん正誤表の挟み込みで対応しましたが、指摘された部分は本質的な問題ではありませんでした。

　また、内容についての指摘では、たとえば、調査結果をもとに、本来役員が取るべき行動ができていないことを指摘した文章が失礼だと言われたこともありました。

　このように、あくまで「上位者に対して形式上失礼ではない報告書」という、いわば組織内の論理を重視する指摘が多かったと思います。

　これは私の経験に基づく話であり、すべての日本企業に当てはまるわけではありません。また報告書の形式面を整えることで、内容の質を高めることにもつながる可能性がありますから、形式を整えることも大切です。

　一方、社会の変化のスピードが加速し、迅速な対応が求められる時代になり、形式的なことにこだわる担当者や企業は激減してきたように思います。

　役員会議や部門長会議でも、iPadで資料を閲覧する企業も増えており、必要に応じて印刷するなど、より柔軟な対応が求められるようになってきています。つまり、**「形式にこだわった報告書」よりも「内容が的確な報告書」が求められる**ようになってきたといえます。

3 報告書の社内での開示範囲を決めておく

　報告書の開示範囲、すなわち「どの報告書をどの階層の従業員まで開示するのか」は、あらかじめ決めておく必要があります。もちろん、社内にはできる限り開示したほうがよいのですが、他部門のデータや自由記述など、取り扱いに注意する必要があるデータもあります。

　本項では、基本的な開示に対する私の考え方を伝えた上で、「他部門データの開示」「自由記述開示」の2点について、メリット・デメリットを踏まえながらお伝えします。

▶ 結果の開示に対する基本的な考え方

　回答者は、真摯に協力してくれたわけですし、理想としては、全従業員に全データを開示することが望ましいと考えています。すべてを開示することで、従業員は自分たちの意見が尊重され、組織の透明性が高まっていると実感し、エンゲージメントの向上につながります。

　とはいえ、実際には、全データの開示は組織が大きいほど現実的ではないでしょう。ですが、**極力多くの従業員に開示するという気持ちで開示範囲を広げていく**意識は大切です。

　しかし、調査をはじめた当初で、調査に対する信頼度がまだ低いと思われる場合や部門間の結果にばらつきがある場合などは、結果の全面的な開示は、かえって従業員の不安や疑念を招く危険性があります。

　実際の開示範囲としては、図表8-3-1のように、報告書別にあらかじめ決めた上で、作成作業に入るといいでしょう。

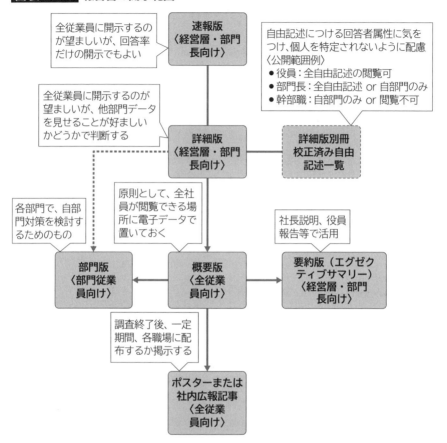

図表8-3-1 報告書の開示範囲

▶ 他部門データの開示範囲

　ある部門の従業員が他部門のデータを見ることは、一見問題がないように見えます。しかし、部門間の風土格差が大きい場合、「あの部門に異動したい」「あの部門のほうが働きやすそう」といった感情が生まれがちです。

　部門データは部門に所属する従業員にとって「個人情報」のようなものです。格差が大きいと、自身の部門の状態を他部門に知られたくない気持ちになり、自部門の得点が悪い場合、他部門への羨望や嫉妬が生まれ、自部門の改善に目を向けたくなくなるかもしれません。

データを隠そうというわけではないですが、部門間の格差が大きい状況では、**他部門のデータ開示がかえって自己変革力を阻害する可能性があること**を認識しておく必要があります。
　もちろん、部門間データを見ながら、自分の部門の改善を図るのがベストですから、事務局と経営層で判断し、開示に問題がないと感じるのであれば、他部門データも開示するとよいでしょう。

▶ 自由記述データの開示範囲

　自由記述は、次の4パターンで報告書に関係します。

A）自由記述の中から、特に分析結果に有用と考えられる部分を抜粋した抜粋文または箇条書き
B）テキストマイニングなどで分析された、記入傾向などについてのコメントやグラフ
C）部門ごとに分割し、部門以外の属性情報（役職・年代など）を除外した自由記述データ
D）すべての属性が書いてある自由記述データ

　AとBに関しては、報告書の分析結果報告の文脈内で引用するためのものなので、社内全体に公開して問題ありません。ただし、個人を特定できる内容が文章に含まれていないか精査した上で引用するようにしましょう。
　CとDに関しては、**別冊扱い**にすることを強くおすすめします。
　Cは各部門に展開するためのものです。各部門のどの階層の従業員まで展開するかは、事務局で基準を統一しておきましょう。
　Dは個人特定への配慮を含め、厳格な取り扱いが必要です。私の知る限りでは、「事務局・経営層以外には一切開示しない」「主管部門で原本を管理し、閲覧許可制」などの対応をしている会社もあります。

4
データに対するコメントのつけ方

　データに対するコメントをつける際には、次の3つの視点を意識しましょう。

1. 簡潔明瞭かつ正確で的確なコメントを心がける

　コメントの目的は、調査結果から得られた示唆を明確に伝えることにあります。過度に長文のコメントや、装飾的な言葉遣いは避け、簡潔で明瞭な表現を心がけましょう。

2. 具体的なアクションにつなげるコメントをつける

　調査から得られた知見をもとに、具体的な施策や行動計画を提案することを意識しましょう。

　エンゲージメントスコアが低い部門や領域については、その原因を分析し、改善に向けた取り組みを提言します。

　一方、高いスコアを維持している部門や取り組みについては、その成功要因を明らかにし、他の部門への展開を促すことも有効です。

3. 自由記述の引用には注意する

　コメント内で自由記述を引用する際には、文体に気をつけることが重要です。個人が特定できないように配慮し、引用部分が報告書全体の文体と調和するようにしましょう。

　また、引用する自由記述は、調査結果の理解を深めるために必要な部分に限定することが望ましいです。

▶ コメントはチームで考え、定量×実感を意識する

　報告書を作成する作業は分担しておこなうかもしれませんが、報告の部の

コメント部分については、事務局メンバーが揃って検討するのがいいでしょう。

　分析結果にコメントをつける作業は、ある意味、もっとも大変な作業といえます。書き方によっては、「どうしてデータからそんなことが言えるの？」という指摘を受けることもあれば、「このくらいのコメントじゃあ、薄っぺらいなぁ」と言われてしまうこともあります。

　大変な作業ではありますが、大げさにいえば、データに命を吹き込む作業なので、一人で取り組むよりもチームで取り組んだほうが質が高く、かつ説得力のあるコメントになる可能性が高まります。

　そして、コメントをつける際にもっとも重要な概念モデルがあります。

　　　　"定量データ×定性データ×実感値＝質の高いコメント"

　定量データのみ、つまり数字だけで判断してはいけません。自由記述だけで判断してもいけません。また実感として把握できるかどうかを検討しないのもいけません。この３つがきちんとかけ算されることで、質の高いコメントになります。かけ算ですから、どれかひとつが０（無視）になってしまうと、まったく意味のないコメントになってしまいます。

　このかけ算にもとづいたコメントだからこそ、客観性・具体性・実感性のあるものになります。つまり活きた文体や表現によってのみ、よく伝わるコメントになります。

　事務局メンバーは、自社の文化や状況について熟知しているからこそ、的確なコメントをつけることができます。その強みを活かしつつ常に客観性を保ち、調査結果から得られた示唆を正しく伝え、組織の改善に活かすために具体的な提案をすることが、事務局の重要な役割だといえるでしょう。

▶ 数値の比較を超えた考察を

　コメントをつける際、単純な数値の比較にとどまらないコメントにすることが重要です。

「A部門のほうがB部門より全体的に得点が高い」「『上司が部下に対して公平に接しているか』の得点が去年と比べて上がった」といった表現はたしかにわかりやすいものです。しかし、このような単純な比較だけでは、報告を受ける側から「だからどうなの？」という反応を引き起こす可能性があります。得点の経年変化や部門間の得点比較は、結果の表面的な読み取りにすぎません。

より意味のあるコメントを作成するためには、以下の点に注意しましょう。

1. **定性データの活用**：数値だけでなく、自由記述などの定性情報も組み合わせて解釈する。
2. **実感値の反映**：現場の声や実際の状況を踏まえた解釈を加える。
3. **踏み込んだ分析**：数値の背景にある要因や影響を推測し、提示する。
   （例）「『人事評価に納得感があるか』の得点が下がった背景には、最近の組織再編による評価基準の変更が影響している可能性が高い」

たしかに、このように踏み込んだコメントをすることは、的外れになる可能性もあり、勇気が必要かもしれません。しかし、そのようなコメントが「いやいや、それは違うでしょう。実際は……」という現場での議論のきっかけになることも多々あります。

事務局の総意として踏み込んだ結果、建設的な議論が進むのであれば、それは望ましい結果といえるでしょう。そもそも、事務局で十分に議論を重ねてまとめたコメントであれば、大きく的外れになることは少ないはずです。

重要なのは、絶対的な正解を提示するという姿勢ではなく、**有意義な議論を促すようなコメント**を心がけることです。

5 対策の立案方法

　エンゲージメント調査の結果を踏まえた対策立案は、組織の改善と発展に欠かせないプロセスです。対策には、**組織全体に関わる横断的対策と、各部門の状況に応じた部門別対策**の2種類があります。

　横断的対策は、人事制度の修正や給与格差の是正など、組織全体に影響を与える大きな施策です。

図表8-5-1 対策の優先順位と幅を広げる

横断的対策	部門別対策
事務局で必要な対策を立案し、どう実行するかは、その対策に関連する所管部門と連携する。	具体的な対策は、各部門で考えてもらうので(9章で解説)、各部門で対策を考える際に、重視してほしい「指針」を与える。

〈できないが、したい対策〉　対策したい　〈すぐできる対策〉

法改正や社会的要因の変化がなければできないような対策は立案しない

比較的簡単に見つかる

対策できない　←→　対策できる

本領域の対策が一番重要だが、「したくない」ので、なかなか出てこない。
本領域の数を増やすこと＝改革力といっても過言ではない

〈できるのに、したくない対策〉
対策したくない

一方、部門別対策は、全体傾向と自部門のデータを踏まえて、各部門が個別に立案する対策です。部門別対策は、現場の実情に合わせたきめ細やかな取り組みが可能であり、従業員のエンゲージメント向上に直結します。

なお、横断的対策は、比較的具体的な対策で構いませんが、部門別対策は、実際の具体的な対策は部門で考えるものなので、その指針になるような案を提示することが重要です。

対策を立案する際には、〈すぐできる対策〉〈できるのに、したくない対策〉〈できないが、したい対策〉の3つの分類を意識しながら検討することが有効です。

〈すぐできる対策〉は比較的簡単に見つかります。一方、〈できるのに、したくない対策〉は、なかなか出てこないこともあります。**〈できるのに、したくない対策〉の領域を増やすことが、対策の幅を広げ、組織の改善につなげる上で重要**です。この領域は、手間がかかり、プランが見えにくい対策が多く、「やろうと思えばできるが、面倒な対策」が含まれます。この領域をいかに広げるかが重要になります。

〈できないが、したい対策〉は現実的ではないため、立案してはいけません。どちらかというと、法整備に関することや予算上極めて難しいことなど、対策に時間を要するけれども、従業員として対策を求めたいものが挙げられます。この領域は、自分たちで取り組まなくてよいので、意見が出やすい傾向にありますが、短期的に有効な対策は存在しません。

ここで注目すべきは、〈すぐできる対策〉と〈できるのに、したくない対策〉で挙げられる量の差です。この差が大きいほど、組織の風土が悪く、チャレンジ精神に欠けている可能性があります。従業員が新しいことに挑戦することを恐れ、現状維持に甘んじがちな状態です。

対策立案の際には、この差を認識し、〈できるのに、したくない対策〉の領域を積極的に広げていく必要がありますので、事務局としても意識するようにしましょう。

企業事例④
報告書を「自分たちの言葉」でつくる

企業情報
- ■**社名**：D社
- ■**業種**：不動産賃貸業
- ■**従業員数**：100〜500名
- ■**主担当部門**：総務部門

▶ インタビュー（H.N. 氏）

Q. エンゲージメント調査をはじめたきっかけは何でしたか？

当社は、各部門の壁が非常に高く、部門間の関わりが希薄です。部門長会議などでも、部門ごとに責め合うような空気があり、様々な場面で「闘う構図」が見られ、若い社員を中心に疲弊感が強く出ていました。

ですが、若手社員にヒヤリングをすると、「満足している」と言うばかりで、特に不満を口にすることはありません。たしかに、収益は安定しているので、待遇面では満足している社員が多いと思いますが、本当にそうなのかという疑問は残ったままでした。

実際、最近は、女性の離職率の悪化に歯止めがかからなくなり、退職時に理由を聞いても、答えてくれないことがほとんどです。やはり危機的な状態なのではないかと感じ、冨山さんに相談したところ、まず、意識調査をやってみようという助言をいただき、実施することにしました。

Q. 調査結果に対して、どのような対応をされましたか？

ヒヤリングをしても何も答えてくれなかったのに、自由記述にはかなり大

量に書かれていて驚きました。私も警戒されていたんだな……と反省するとともに、これは本格的に改革しないといけないと思い、社長に相談し、組織風土改革プロジェクトを立ち上げることにしました。メンバーは、部門長から若手、中途採用とバラエティに富んでいつつも、意見を言えそうな社員を中心に選びました。このような風土なので、多少の時間では意見は出てこないと考えて、1泊2日の合宿にしました。

最初は重苦しい空気でしたが、自己紹介をしたり、職場の雰囲気に関する話をしたり、話しやすい空気をつくるところからはじめていきました。初日の夕方くらいに、ある参加者が、「こういう気を張らないでいい空気感、うちの会社にはありませんよね……普段。正直、今日は、イヤイヤ参加した気分と職場から離れられる嬉しさと両方ありました」と発言したところで、空気が変わりました。そこから、本音を交えた話になり、前に進みはじめました。

Q. 意識調査の結果報告書をもとに、具体的な対策を練り上げたそうですね。

合宿の2日目には、冨山さんに分析してもらった報告書をみんなで見ることにしました。みんな結果には一切の違和感がなく、むしろ、本音で答えられる会社なんだな……と安堵したわけですが、提示された解決策にも納得感があり、取り組むだけと思っていました。そのとき、あるメンバーが「これ、自分たちの言葉にすると、もっと具体的な対策が出てくるんじゃないですか？」と発言しました。その後1カ月かけて、報告書を自分たちの言葉に置き換え、自分たちで役員・部門長の前で発表し、具体的な対策も提示しました。「言葉の置き換え」がよかったのか、非常に納得感をもって聞いてくれ、その後の改善につながりました。

あれから6年くらい経ちますし、日常の中では大きく変わった感じはないのですが、6年前と今を比べてみると、明らかに違うので、少しずつ変化をしたということなのでしょう。離職率も大きく下がり、明るい職場になってきたと思いますが、よりよい会社を目指していきたいと思います。

取材：冨山陽平（2024年4月26日）

8章のまとめ

➡報告書の構成は、「結果を活かして、問題解決に向けて行動してもらうこと」を念頭に置き、コンサルタントの視点で客観的にまとめることが重要である。報告書の種類には、「速報版」「詳細版」「概要版」「要約版（エグゼクティブサマリー）」「部門版」「ポスターや社内広報記事」があり、それぞれの目的に応じて作成する。

➡事務局メンバーは、自社の文化や状況を熟知しているからこそ、客観性さえ担保できていれば、報告書に的確なコメントをつけることができる。

➡報告書の開示範囲は、従業員のエンゲージメント向上と組織の透明性を高めるために、できる限り広くすることが望ましい。ただし、部門間の風土格差が大きい場合や個人情報保護の観点から、他部門データや自由記述データの開示には注意が必要である。

➡コメントをつける際は、具体的な対策につなげることを意識する。自由記述の引用には、個人が特定できないよう配慮し、調査結果の理解を深めるために必要な部分に限定する。

➡対策立案では、組織全体に関わる「横断的対策」と、各部門の状況に応じた「部門別対策」の両方を考慮する。対策の優先順位を決める際には、〈できるのに、したくない対策〉の領域を積極的に広げていくことが重要である。

Column 役員が「これは、設問が悪い！」と言ってきた……

　エンゲージメント調査の報告会で、芳しくない結果を受け入れがたいと感じた役員から、「これは設問が悪いのではないか？」という質問を受けることがあります。このような質問が出てくる背景には、結果を素直に受け止めることへの抵抗感や、現状を改善するための具体的なアクションを起こすことへの躊躇があるのかもしれません。

　私自身、こうした場面に直面した経験が何度もあります。あるときは設問設計コンセプトを見せることで、その役員の方に納得していただけました。また別の場面では、設問をつくったメンバーの名前と設問構築の過程を示し、全体観をもってつくったことを説明することで、理解を得ることができました。

　しかし、どう説明しても納得しない役員がいた会社もありました。引き続き粘り強く説得しようと思っていたそのとき、社長が次のように発言してくれました。

　「〇〇君（役員名）、うちの従業員が一生懸命考えてつくってくれたんだ。それは今の説明で理解できているんだろう？　結果が悪くて受け入れがたいのはわかる。だが、私には思い当たる節がある。まずは結果を受け止めて、対策を考えてみようじゃないか」

　この社長の一言で、役員は落ち着きを取り戻し、むしろ積極的に対策を考える立場になってくれました。おそらく、結果を受け止めるのが怖かったのだろうと思います。

　この事案以降、私は報告会の前に、社長にはあらかじめ10分でも説明する機会をもらうようにしています。

　調査結果を有効に活用し、役員の理解と協力を得ながら、粘り強く対策に取り組んでいくことが肝要だと私は考えています。

9章

対策推進プロセス
——行動につながる仕組みづくり

● ○ ⬢ ◇ ●

　エンゲージメント調査の結果を踏まえた対策を推進するためには、適切な報告と具体的な対策の立案が不可欠です。調査結果を経営層や幹部層に効果的に伝え、理解と賛同を得ることが、対策の実行に大きな影響を与えます。

　本章では、まず調査結果の報告方法について解説します。経営層や幹部層に納得してもらえるような説明の仕方や、報告会での質問への対応方法について具体的に説明します。また、一般社員への報告のあり方についても解説します。

　報告を踏まえた上で、分析結果をもとに、どのように対策を推進していくといいのかについても説明します。

1 「結果報告」が対策のスタート

　本章ではまず、報告書をもとに報告する際のポイントをお伝えします。

　報告書は、**要約版・概要版・詳細版**とありますが（図表 8-2-1 参照）、報告会で利用するのは要約版と概要版です。それに加えて、**A3 サイズ 1 枚ものの設問一覧表（設問群）（図表 5-7-1）を配布する**といいでしょう。これは、どの報告場面でも同様です。どんな設問に回答したのかを常に振り返りながら報告を受けたい人も多いので、仮に報告書をタブレット等の電子デバイスで読む場合であっても、設問一覧表だけはプリントアウトして手元に配布することをおすすめします。

　また、報告方法は3種類あります。①会議体や報告会での対面報告、②オンライン会議システムを利用したオンライン報告、③報告動画を活用した動画報告の3種類です。

▶ 報告すべき内容

　8章で作成した報告書に沿って報告すれば問題ありません。この報告には、**分析結果に加えて、対策の全体像（対策案）**が書かれていることが理想です。

　なお、完全委託で、外部委託先が作成した報告書がある場合は、その報告書をもとにして対策案を考えておくといいでしょう。対策の立案方法については8章5項を参照してください。

▶ 結果報告の流れ

一般的には、以下の手順で報告会を進めていくといいでしょう。

社長報告〈実施者：事務局〉

　経営会議報告を円滑に進めるため、あらかじめ経営トップにあらましを報告します。必ずしも必要なものではなく、役員間の意識に差があるなどの懸念点がなければ、省いても問題はありません。

▼

経営会議報告〈実施者：事務局〉

　今後の対策等を円滑に進めるため、ある意味一番重要な会議体になります。執行役員会議で報告するのが一般的です（取締役会で報告することもありますが、経験上、執行役員会議のほうが多いです）。**極力対面での報告とし、オンラインでの報告は避ける**ことをおすすめします。質疑がかなり出ることが多いので、充分な時間を確保しておきましょう。

▼

一般層報告〈実施者：各部門幹部ならびに事務局〉

　一般従業員への報告は、各部門に任せ、その部門の課題に近い内容に絞って報告してもらうことが重要です。とはいえ部門によっては、結果が悪いほど、なかなか部内に情報が伝達されない場合もあります。並行して事務局は、報告動画の展開・各職場へのポスターの掲示・社内ポータルへの掲示など、見たい人が見られる状況をきちんと用意しておきましょう。

▶ 報告会の「効果」をシミュレーションしておく

　報告会の効果を少しでも高めるためには、あらかじめ事務局において進め方と聴講者の反応をシミュレーションしておき、対策に向けての推進力にする必要があります。以下の5つの点をあらかじめ押さえておきましょう。

1. キーワードを明確にする

　本調査における「キーワード」を明確にする必要があります。このキーワードを意識して、報告を進めていくことが大切です。

　報告を受ける側に対して、淡々と概要から結果までを報告したところで、対策の本気度にはつながりません。キーワードを明確にする必要があります。一般論としては、要約版に記載した内容が参考になるでしょう。

2. 報告対象者によって強調する情報を変える

　役員報告は、より横断的な課題や対策に触れることになります。また、特に気になる部門・階層・年代があれば、そのことも報告する形になります。幹部報告は、より現場に近い層の問題にフォーカスを当てます。一般層報告は、各職場の身近な課題についてフォーカスを当てます。

　キーワードを意識しつつ、報告を受ける側が**「自分たちで変えられる」「自分たちで変えるべき」**と思えるところに報告内容を絞ることが重要です。

3. 報告会ごとに適切な報告者が報告する

　本質的には、発表に意欲のある事務局メンバーが報告するのがベストだと思います。ただし、階層意識が強い組織文化の場合は、報告対象者と同等以下の階層の社員が報告したほうが、質問が出やすい雰囲気になります。

　また、結果を求める場面であれば、理路整然と話せる人に任せるといいでしょう。資料をつくれる力と話せる力は別物です。

　また、報告は人と人とのコミュニケーションですから、「彼が言うのであれば……」というように、報告者によって受け止め方が変わることも事実で

す。誰が報告すると一番効果があるかを判断して決めるのもいいでしょう。

4. 報告を受ける側の気持ちも考えておく

　経営者の立場からすれば、エンゲージメント調査の結果は、会社全体の「通知表」と捉える人もいます。また部門長は、特に自身が統括する本部・部門については強い関心をもっています。

　そのため経営者は、調査結果に対して警戒心を抱いている場合もあります。もし結果が芳しくなければ、自らの管理能力に疑問が呈されたように感じて動揺して、防御反応、すなわち調査の進め方に対する否定感、分析方法への疑義を示すこともあります。

　一方、部門長にとっても、調査結果は部門の「通知表」といえます。従来の業績評価とは異なる角度から、部下のモチベーションや職場環境の状態が可視化されるわけです。部門長としては、自分の部門が組織内でどのように評価されるのか、少なからず気になるところでしょう。

　報告会では、**経営者や部門長がこのような心理状態にあることを理解し、配慮すること**が大切です。もちろん、最終的には彼らの多くは、調査結果を前向きに受け止め、改善に活かそうと努力してくれます。ですが、報告を受けたタイミングでは、動揺が走ることもあります。このときの事務局の対応が「ベキ論」になってしまうと、態度を硬直化させてしまうこともあります。経営者や部門長の気持ちを汲み取り、建設的な議論ができる場をつくることが、報告会の重要な役割だといえるでしょう。

　調査結果の良し悪しにかかわらず、経営者や部門長の立場に立って考え、サポートする姿勢が求められます。その上で、課題解決に向けて協力し合える関係を築いていくことが、エンゲージメント向上の第一歩となります。

5. 回答者を特定しないことを意識してもらう

　回答方式が、記名・半匿名・匿名[※]のいずれであっても、回答者の匿名性を守ることが非常に重要です。

※記名・半匿名・匿名：6章2項参照。

経営陣や管理職の中には、「これは誰が書いたんだ？」と回答者を特定しようとする人もいるかもしれません。また、部下をよく知っているというアピールのつもりで、「これは、○○が書いたんだな、きっと」と、わざわざ発言する人もいます。もちろん、純粋に課題に感じたから、具体的にヒヤリングしたいという前向きな気持ちで回答者を知りたい人もいます。

いずれの場合であっても、**回答者を特定しようとすることは厳に慎まなければなりません**。従業員が安心して率直な意見を述べられる環境を確保することが大前提です。もし回答者が特定されるリスクがあれば、従業員は本音を書けなくなり、調査の意義が失われてしまいます。

また、回答者を特定しようとすること自体が、部下に対する不信感の表れとも受け取られかねません。仮に特定できたとしたら、その後の職場の人間関係に悪影響を及ぼす可能性が高いでしょう。

報告会では、回答者の匿名性を守ることの重要性を強く伝えることが肝要です。経営陣・管理職には、調査の質を低下させないためにも、個人を特定するような発言は厳に控えるよう、毅然と伝える必要があります。そして、調査結果は、組織全体の課題を明らかにするためのものであることを、しっかりと理解してもらうことが大切です。

匿名性が守られてこそ、従業員は安心して本音で回答することができます。そして、その率直な意見こそが、組織の改善と成長につながる貴重な財産なのです。経営陣と管理職の人たちには、この点を充分に認識していただき、建設的な議論に積極的に参加してもらいたいと思います。

▶ 報告動画の作成方法

結果報告は、従業員一人ひとりに適切に伝えられなければなりません。一定の層までは対面報告やオンライン報告が可能ですが、企業規模によっては、全従業員にその対応をすることは難しいでしょう。そこで概要版の報告書をベースに、報告会動画を撮影し、従業員に配信することをおすすめします。報告動画のポイントは次のとおりです。

1. 全従業員がアクセスできるようにする

報告動画は、社内ポータル等にリンクを配置することで、希望する全従業員に同じ情報を提供するようにします。対面報告会の対象外となる人たちにも動画を配信することで、従業員一人ひとりに確実に結果を伝えることができます。これにより情報の格差を防ぎ、全社的な理解と協力を目指します。

2. 全社の特徴と変化のポイントを明確に伝達する

動画による報告では、全社的な調査結果の特徴や前回調査からの変化について伝えましょう。重要なポイントを強調し、従業員の理解を促進します。

3. グラフの読み方を解説し、データへの理解を深める

エンゲージメント調査の結果は、様々なグラフで表現されます。動画では、これらのグラフの見方や解釈の仕方を丁寧に説明することができます。従業員がデータを正しく理解することで、自部門の状況や、改善の必要性を明確に認識できるようになります。

4. 現場での取り組みに対する期待を明示する

調査結果を踏まえた、現場での取り組みへの期待を直接伝えましょう。今回が2回目以降の調査で、すでに前回以前での優良な対策取り組み事例がある場合は、それを動画で紹介することも効果があります。

5. 経営層からのメッセージを入れる

経営層からの期待を明確に示すことで、経営者の本気度を伝え、従業員の意欲を高め、具体的な行動変容を促しましょう。また、経営層が具体的にどういった取り組みをするか説明しておくと効果が高まります。

報告動画は、部門ごとの報告の助けにもなります。たとえば説明に自信がない部門長が、全体の傾向の部分については、動画を活用して説明することもできます。その上で部門別の結果報告と対策案を説明するほうが、進めやすい場合もあります。

2 対策を推進する事務局のあり方

各報告会で、調査結果と対策の全体像を報告したことと思います。

報告会を受けて、特に執行役員レベルから、様々なオーダーや提案を示さ

図表 9-2-1 対策一覧表

エンゲージメント調査の調査結果サマリー		
従業員間の関係性は良好で、会社のブランド価値理解と期待感は高い。しかし、会社方針の浸透度には部門間で大きな差がある。これは上司のリーダーシップと強く相関しており、上司が会社方針を部門方針に落とし込めている部門では、方針が浸透しエンゲージメントスコアも高い。この格差は自由記述の傾向にも表れ、提案型（能動的）と批判的（受動的）な記述に二極化している。		
取組主体者		論点
横断的対策	役員 経営管理部	**ポイント A：会社方針の展開について再確認** 部門長のリーダーシップ力の影響が大きいとはいえ、各役員ごとに、きちんと伝えられているか、お互いの伝え方を確認しながら、質を高めていく必要がある。
	部門長 人事部	**ポイント B：部門長ごとのマネジメント能力の実態把握と必要な研修等の対策実践** 調査によれば、部門長自身もマネジメント能力について考える時間を確保できていないという結果も出ている。研修体系や実践の場での実現度などについて検討しながら、対策を考える必要がある。
	広報部	**ポイント C：エンゲージメントスコアならびに対策の開示方針の検討** 人的資本経営の観点から、どのようにエンゲージメントスコアと対策の実践状況を開示するか、長期的な視点で考える必要がある。また、この開示自体が、従業員のエンゲージメントやeNPSに好影響が出るように考える必要がある。
部門別対策の指針（自部門対策を考える上での参考）	**ポイント X：お互いに指摘できるコミュニケーション** 多くの職場において、コミュニケーションは取れているが、お互いの成長を促進するようなコミュニケーションは取れていないと感じられる。	**ポイント Y：部門方針の業務への落とし込み実現度** 会社の方針が部門方針として、従業員にきちんと伝わっていない職場もある。「伝えている」ではなく、「伝わっているか」検証する必要がある。

図表 9-2-2 事務局のポジショニング

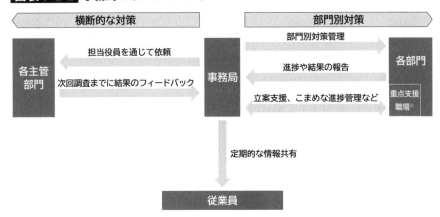

れることがあります。最終的な決定権は事務局に委任してもらうとしても、可能な限り対策案を修正し、対策一覧表（図表9-2-1）として整理します。実際には、もっと項目が多いのですが、イメージをつかむためのものとして、確認してください。

これらの対策を図表9-2-2のイメージで事務局は推進していきます。

▶ 対策推進のモデルケース

対策推進における事務局の役割について、少し具体的なイメージをもってもらうために、モデルケースを見ていきましょう。

STEP1：定期的な社内への情報共有のスタート

調査結果のポスターやポータルでの開示を済ませた後、対策方針の社内への開示と対策推進に関する説明をおこないます。**結果の開示と対策の説明はセットでもいい**と思います。

この後も定期的に従業員に情報を提供していくことで、各現場の対策の進捗の後押しになることもあります。概ね2〜3カ月に1回の割合でい

※何らかの事情で特に支援を必要とする職場のこと。本項の「事務局機能 Q&A」のQ3を確認してください。

いので、取り組み状況やコラムなど定期的に情報発信するようにします。

▼

STEP2：横断的対策の主管部門への連携
　横断的な対策を要する場合（人事制度、福利厚生など）は、事務局から主管部門の役員・部門長に、調査結果と対策案を説明し、具体的な対策を検討してもらいます。

▼

STEP3：各部門長が部門の「推進リーダー」を任命
　部門別対策の推進に関して、**部門長の右腕となる人材を「推進リーダー」として任命する**ようにしましょう。推進リーダーは、○○推進リーダーというふうに、調査名を前につけるとわかりやすいと思います。
　右腕といっても役職者である必要はなく、各部門長が期待している若手を指名すれば、人材育成効果と若手視点の活用が期待できます。ただし若手の過剰な精神的負担にならないよう、適切なサポート体制を整えることが重要です。

▼

STEP4：部門別対策立案事前質問会
　事務局メンバーが分担し、各部門長＋推進リーダーと、調査結果に対して議論します。この際、部門特有の課題や強みを深掘りし、対策の優先順位を明確にします。

▼

STEP5：（部門別）対策推進シートをまとめてもらう
　事務局は、部門ごとの議論をもとに対策推進シートをまとめてもらうよう依頼します。シートには具体的な行動計画と期限、担当者を明記し、進捗管理がしやすいようにします。

企業規模に関係なく、大きくはこのプロセスが効果的だと思っています。あくまでモデルケースなので、進め方については組織の特性に合わせて事務局で検討していただければと思います。

このうち、STEP2は本章3項で、STEP3〜5は本章4項で解説します。

▶ 事務局機能Q&A

事務局の機能について、よく受ける質問を紹介しながら、イメージを具体化できればと思います。

Q1. 実際には、従業員にどういった情報共有を、どういった媒体ですればいいのでしょうか？

エンゲージメント調査の結果を受けて、対策をしているということが伝わる情報であれば何でも構いません。各現場や横断的な対策の具体的な進捗が見えてきたら、その状況について共有するといいと思いますが、まだ状況を共有できない段階では、調査結果の解説をしていくのもいいと思います。

なお、媒体としては、社内広報誌、ポータルサイトが多く、メールなどのプッシュ型で配信する形はあまり見ません。頻度としては2〜3カ月に1回くらいが理想ですが、私の経験では、対策推進状況が見えてきた時期に発信を集中させる会社もあります。

補足すると、対策実施期間の中間地点で、役員と進捗を共有することも効果的です。

Q2. 横断的な対策であれ、部門別対策であれ、すべてを管理するのはリソース的に難しいと思いますが……

横断的な対策は、主管部門に依頼したら事務局としてはノータッチでいいと思います。情報共有の際に、必要に応じて進捗状況をヒヤリングする程度でいいでしょう。

部門別対策については4項で説明しますが、詳細な管理をする必要はなく、基本的には部門任せでいいでしょう。

最終的には自律的な活動にならなければ、エンゲージメントが向上することにつながらないので、必要以上に事務局が背負い込む必要はないと私は考えます。

Q3. 明らかに状態の悪い職場は、重点的に支援したほうがいいのでしょうか？（重点支援職場の設定）

エンゲージメント調査の結果を受けて、重点的にサポートする職場を設けるのは効果的な取り組みです。ただし、その選定基準は**結果の良し悪しだけにはしないほうがいい**と考えています。

たしかに、調査結果が芳しくない職場を重点支援職場とするのは自然な発想です。課題の多い職場こそ、手厚いサポートが必要だと考えるからです。しかし、結果が良好な職場を丁寧にウォッチすることで、他の職場への水平展開を図ることもできます。**優れた取り組みをおこなっている職場の事例を分析し、他の職場にも応用する**ことで、組織全体のエンゲージメント向上につなげられるでしょう。

また、重点支援職場を選ぶ際には、部門長の理解度も考慮に入れるといいでしょう。エンゲージメント向上の重要性を理解し、積極的に取り組んでくれそうな部門長の職場を選びます。あるいは、手挙げ式でサポートを希望する職場を募るのも一案です。自主的な参加意欲は、取り組みの成功に大きく影響します。

手挙げ式の際、ひとつだけ注意することがあるとすれば、自身のアピールのために手を挙げる部門長も少なからずいるということです。そういう人は、基本的に対策の推進を事務局に丸投げしようとする傾向にあります。手を挙げたとしても、きちんと面談を実施し、あくまで主体は部門であり、部門長のリーダーシップで進めるのだということを確認することが大切です。

結果が良好で重点支援職場となったところには、以下のような具体的な支援方法が考えられます。

- 調査結果が良かった背景の把握
- 日常的な取り組みの定期的なヒヤリング（定期的にヒヤリング、雑談す

ることで、言語化しにくい重要な活動が見えてくることがある）

一方、結果が芳しくなく重点支援職場となったところには、以下のような具体的な支援を検討し、実行します。

- 対策実施期間内での定期的な改善検討会の実施
- 部門長や管理職との個別ミーティングによる、状況把握の実態の理解
- 状況がかなり深刻であると判断した場合は、階層別にグループヒヤリングの機会を設定し、より具体的な実態把握に努める。4章4項で紹介した、オフサイトミーティングという手法を活用するとよい

いずれの場合も、事務局が職場に寄り添い、ともに課題解決に取り組む姿勢が重要です。ときには一緒に悩み、考えることが、職場の状況を変えるきっかけになるでしょう。

ただし、重点支援職場の設定は、事務局のリソース限界と併せて慎重に検討してください。基本は各部門主体で取り組むものです。

Q4. 途中で、進捗を確認するためにミニエンゲージメント調査のようなものを挟んだほうがいいでしょうか？

たしかに、得点の悪い設問や、エンゲージメントスコアの低い職場に限定して、パルス調査をかけることがあります。これは、短く頻繁に調査を実施することで、従業員の状態の「変化」を測るものです。

この方法が、見える化という意味で有効だと考える人もいるのは承知していますが、私は否定的です。

回答する側からすれば、どんな気持ちになるでしょうか。「はいはい、そんなにしつこく聞くなら、よい点をつけますよ」となる可能性もあります。実際、そういう声も聞いたことがあります。

パルス調査は使い方によっては実態をゆがめてしまう可能性があると思っているので、もし導入するのであれば、メリット・デメリットをよく検討することをおすすめします。

3 横断的な対策の進め方と進捗管理

　横断的な対策は、主管部門主体もしくは役員主体で進めます。事務局は、定期的な状況確認のヒアリングはしますが、進捗管理はしません。

　エンゲージメント調査の結果から浮かび上がる課題の中には、特定の部門だけでは解決が難しい、組織全体に関わる横断的な課題があります。本書では、これを横断的な対策と呼びます。このような課題への対処方法は一般的には以下のようなアプローチが有効です。

STEP1. 横断的な対策の主管部門と担当役員の把握

　事務局として、まず、横断的な対策の主管部門を明確にする必要があります。たとえば、「同じ業務なのに、首都圏と地方で多忙さに偏りがある結果、首都圏の離職率が高止まりしている状態の解決」という課題の場合、主管部門は経営企画部や人事部になると考えられます。

　次に、その主管部門を管轄する担当役員を把握します。役員レベルでの関与は、対策の実行力を高め、全社的な取り組みを推進するために不可欠です。

▼

STEP2. 担当役員経由での対策の依頼と実行

　事務局は、担当役員に状況を報告し、横断的な対策の実行を依頼します。役員の理解と支援を得ることで、主管部門が全社的な視点で対策を立案し、実行しやすくなります。

　報告会の場で伝えればいいのではないかという議論もあろうかと思いますが、可能であれば**別の日程で個別に伝える**ほうが好ましいでしょう。具体的に施策を進めるにあたって、細かいリソース調整などが必要な場合もありますが、対策をスムーズに進めるための調整も必要になる

ので、別途、場を設けることが好ましいでしょう。また、そのほうが報告書には書ききれない行間を伝えることもできます。

対策の内容は課題によって異なりますが、たとえば以下のようなものが考えられます。

- 同じ業務なのに、首都圏と地方で多忙さに偏りがある結果、首都圏の離職率が高止まりしている状態の解決
- 年代別の問題に対しては、人事部主導での「キャリア開発支援」や「世代間コミュニケーションの促進」
- 賃金格差の問題に対しては、経営企画部や人事部主導での「報酬体系の見直し」や「評価制度の改善」

▼

STEP3. 対策の進捗管理とフォローアップ

横断的な対策の推進を主管部門に引き渡した後は、事務局は基本的に情報交換にとどめ、進捗確認や助言等をする必要はありません。定期的な社内情報共有の際には、主管部門に状況を確認することはあります。

一方、主管部門から調査の情報提供を求められた場合には、匿名性に配慮した状態で提供します。基本的には、**主管部門と担当役員が連携して対策の効果を検証し、さらなる改善につなげていく**ことが重要です。

横断的な対策の進捗や成果は、主管部門から情報を受けつつ、前述した取り組み共有の場を通じて適切に共有することで、全社的な意識改革やエンゲージメントの向上を図ることを目指します。

横断的な課題への対処は、組織全体の協力と役員レベルでのリーダーシップが不可欠です。主管部門と担当役員が中心となって、全社的な視点で対策を立案・実行し、継続的な改善に取り組むことが、エンゲージメント向上の鍵となります。

▶ 要員不足など、ハードな対策を後回しにしない

横断的な課題への対策の中には、要員不足などのように、すぐには解決が難しいものがあります。このような問題の対策は、優先順位が後回しになりがちですが、従業員のエンゲージメントへの影響を考慮すると、何らかの対処が必要です。

1. 従業員への丁寧な説明

後回しにせざるを得ない対策については、その理由を従業員に丁寧に説明することが重要です。対策の実行が遅れる背景や、現在の状況、今後の見通しなどを率直に伝えることで、従業員の理解を得られるよう努めます。

情報が不足していると、従業員の間で憶測が広がり、ネガティブな印象を与えかねません。透明性のあるコミュニケーションを心がけることで、エンゲージメントへの好影響が期待できます。

2. 対策の優先順位の明確化

後回しにする対策についても、優先順位を明確にしておくことが大切です。対策の重要性や実行可能性を踏まえて優先順位を設定し、従業員と共有します。優先順位が低い対策であっても完全に放置するのではなく、定期的に進捗を確認し、状況の変化に応じて柔軟に対応することが求められます。

3. 代替策の検討と実行

すぐには解決が難しい問題についても、代替策を検討し、実行に移すことが重要です。たとえば要員不足という問題に対しては、業務の効率化や外部リソースの活用など、短期的に実行可能な施策を講じることで、従業員の負担を軽減することができます。

代替策の実行により、従業員に前向きな姿勢を示すことができ、エンゲージメントの維持・向上につながります。

後回しにしがちな対策についても、従業員とのコミュニケーションを大切にし、優先順位の明確化と代替策の実行を通じて、適切に対処することが求められます。組織としての姿勢を示し、従業員の理解と信頼を得ることが、エンゲージメント向上の鍵となるでしょう。

4 部門別対策の進め方と進捗管理

　エンゲージメント調査の結果を受けた対策の肝は、**部門別対策**といっても過言ではありません。たしかに、横断的な根深い課題に対する対策もありますし、その解決は前述のとおり重視しなくてはなりません。

　一方で、事務局の対策方針に基づいた部門別対策の具体案の検討ならびに実行は、職場ごとの活発な問題解決サイクルを実現し、自律的な組織に向けて非常に有用な働きをします。

　上記のうち「事務局による部門別対策の指針」は完了した前提で話を進めていきます。

▶ 事務局による各部門長との個別面談

　各部門長との個別面談を入口にすると、対策推進をスムーズに進めることができます。時間や工数の確保が難しい場合は、本章1項で説明した幹部層報告の後、希望する部門長に対して設定する形でもいいでしょう。

　個別面談の目的は以下の2点です。

- 事務局から部門長に対して、取り組みの本気度を伝える
- 事務局メンバーは、部門個々の課題を一緒に考える

図表 9-4-1 部門別対策推進の流れ

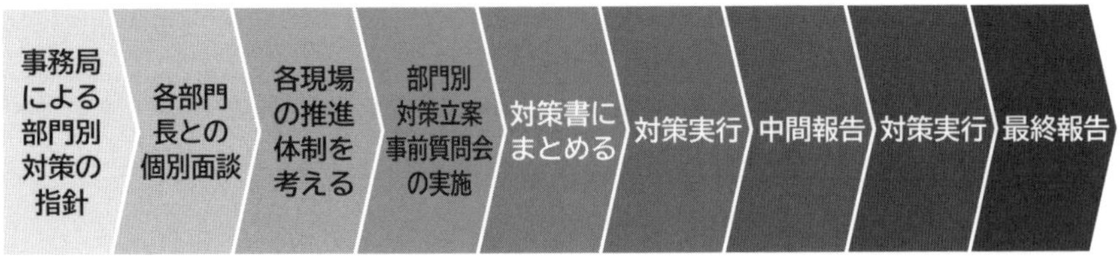

事務局による部門別対策の指針 → 各部門長との個別面談 → 各現場の推進体制を考える → 部門別対策立案事前質問会の実施 → 対策書にまとめる → 対策実行 → 中間報告 → 対策実行 → 最終報告

部門長には、エンゲージメント調査だけでなく、多数の施策が降りてきているので、どうしても施策の優先順位をつけざるをえません。エンゲージメント調査の浸透度にもよりますが、初回の場合は、きちんと**部門長に取り組みの本気度を伝える**ことが大切です。もちろん、報告会の場でも伝えているはずですが、改めて個別に面談することでより伝わりやすくなります。

　また、個別に面談することで、定量データや自由記述と向き合いながら、個別の課題について一緒に考えることができます。特に、部門長に対して批判的な自由記述がある場合は、部門長も誰が書いたかわからないために、部下との接し方に難しさを抱える場合もあります。
　これに加え、結果が悪かった場合はどうしても対策の推進が後手になり、結果的に職場の状況が悪化するかもしれません。事務局との面談をクッションにし、心を落ち着かせて部門の対策の検討や、推進チームの構成を検討してもらえるといいでしょう。

● 面談担当者の選定 ●

　面談をおこなう事務局メンバーとの相性も重要です。部門長の個性に応じて、担当する事務局メンバーを決めるといいでしょう。
　部門長からすると、自分よりも相当年下の人から指摘を受けるような場面もあるかもしれません。しかし、事務局メンバーが年下の場合、話しやすさがあり、意外に本音で話してくれることも多いものです。このあたりは部門長の個性に応じて決めるといいでしょう。

● 面談時の留意点 ●

　面談をおこなう際は、まず信頼関係を築くことが重要です。その上で、言うべきことは言うというスタイルで臨みましょう。ただし、得点が悪い

項目があったとしても、それを否定するのではなく、改善することが大切だということを意識してもらうようにしましょう。

　面談ではファシリテーション力を発揮し、部門長の考えを引き出すことが重要です。得点が低いときは、部門長も最初のうちは自己防衛的な面を見せることもありますが、**改善のためのサポートをしたい**という姿勢で臨めば、うまく進むことが多いものです。「ここだけの話」という本音も引き出しながら、改善案について一緒に考えていく努力が必要です。

● 部門別の課題検討を部門長の教育機会に活用する ●

　エンゲージメント調査の結果を、部門長の教育・育成の機会として活用することで、より効果的な職場改善を進めることができます。具体的には、調査結果に基づいて**部門別の課題を分析し、その対策を部門長自身に考えてもらう研修プログラム**を実施します。

　この研修では、部門長が自ら課題解決の方法を模索することで、部下との接し方や自身の管理能力の向上、問題発見力の養成など、リーダーとしての成長を促すことができます。実際の調査結果を教材として使用するため、リアリティのある研修となり、部門長の学びと職場改善への意欲も高まるでしょう。

▶ 各部門の推進体制構築

　各部門において対策をスムーズに推進するためには、適切な推進体制の構築が不可欠です。部門ごとの状況に応じた体制づくりと推進リーダーの選定、および役割設定が、改善活動の成否を握るポイントとなります。

　ここでは効果的な推進体制の構成や推進リーダーの選び方、人材育成への寄与など、エンゲージメント調査結果を活用した職場改善の推進体制について解説します。

1. 推進体制の重要性

　エンゲージメント調査の結果報告では、部門別の細かな対策までは記載されていません。部門ごとの項目別得点は確認できますが、単純に低い項目の得点を上げればいいというわけではありません。

　得点の背景を確認し、真に重要な対策を検討する必要があるため、具体的な対策を考えるチームのあり方が重要になります。

2. 推進体制の構成

　職場の規模にもよりますが、〈部門長＋推進リーダー2名〉の3名を中心に進める方法が効果的です。推進リーダーは、管理職またはベテラン1名と若手1名の組み合わせがいいでしょう。職場での改善活動においては、階層や年代の違いが壁になることがあるため、その点を配慮したリーダー選びが重要です。

3. 推進リーダーの役割と選定

　各部門に推進リーダーを置くことで、大きい会社でも目が行き届くようになります。推進リーダーを2名指名することで、リーダーとサブリーダーを決められます。部門長の右腕として機能し、現場の状況を事務局と連携しやすくなります。

4. 人材育成への寄与

　若手を推進リーダーに設定することで、視野を広げる人材育成の機会にもなります。また若手とベテランのペアで部門長との縦のラインを構成することで、効果的な推進体制をつくることができます。

5. 推進体制の柔軟性

　一方で、管理職中心の活動とし、必要に応じて若手メンバーを招集し、議論しながら進めている会社もあります。推進体制は、現場の主体性の高さに応じて決めるといいでしょう。

▶ 部門別対策立案事前質問会の実施

　部門ごとの対策立案は、各部門で取り組んでもらいますので、その準備作業として、事務局主導で質問会を実施するといいでしょう。

　各部門の推進リーダーを集めて、データの読み方や自部門の特有の課題などについて質問を受ける場を設けます。部門ごとのリーダーが集まり、いろいろな視点からの質問が生まれることで、それ自体が参考になる場合もあります。

　事務局主導でおこなわれる場ではありますが、お互いの質問が参考になるように、この場で出た質問はとりまとめて事後共有するといいでしょう。

　これを実施すると、対策の中心メンバーに対して、事務局から直接メッセージを伝えられるので、効果は高まりますが、当然ながら工数がかかります。あくまで準備作業なので、実施の優先度は低いでしょう。

▶ 対策推進シートを用意する

　対策の推進がうまくいくように、対策推進シートを用意します。どんなものでも構いません。本シートに入力してもらい、事務局で回収しましょう。

　対策推進シートは、2種類サンプル（詳細記入版、概要記入版）を用意しました。読者Web特典を参考にしてください。

　詳細記入版は、ある程度詳細に記入できるようになっています。最終報告段階で完成するようになっており、進捗管理もできるようになっています。

　部門ごとに濃淡が生じやすいですが、そもそもこういった活動はどうしても職場で温度差が生まれやすいものです。

　濃淡は許容しつつ、**各部門で幅広い階層、年代で話し合って決める**ことを大切にしてください。部門長だけで決めてしまう、幹部層だけで決めてしまうという場合もありますが、できれば部門の各層のメンバーが集まって決めたほうが、より質の高い対策が立てられます。

　事務局としては、各部門に圧力をかけすぎて、現場が作成する対策推進

シートが、ただの「作文」にならないように気をつけましょう。

▶ 中間地点で何らかのチェック作業を実施する

対策期間の折り返し点あたりで、中間報告会を実施するといいでしょう。中間報告会はさほど重いものである必要はありません。日常の業務が忙しいと、どうしても最初に設定した対策への取り組みがおざなりになる場合もあります。そういった状況を下支えするためのものだと思ってください。

チェック作業の方法としては、次の2種類に取り組むとよいでしょう。

- 対策推進シートが、中間報告対応仕様のものであれば、その欄に記入したものを提出してもらう
- 部門ごとに推進リーダーを設定している場合は、オンラインで構わないので、「推進リーダー状況共有会」と称し、推進リーダーに集まってもらい、負担にならないよう口頭で状況を共有する。相談がある場合には共有しながら進めていく

▶ 優良対策発表会を実施する

最終段階で、優良対策発表会を実施できるといいでしょう。質の高い対策については、どういった環境でどういった条件で実施できたのか、簡単に報告してもらいます。選定は事務局でおこなっても、役員を交えておこなってもいいでしょう。

一方、対策が「盛られている」場合もあります。そういった事例を優良事例として紹介してしまうと、紹介された部門も気まずい思いをするので、優良事例候補に該当した場合は、インタビューを実施してから選定するようにしましょう。

▶ 調査の都度、新しい対策を立てる必要はない

　部門別の対策を立てる際、調査の結果が出る都度、新たなアイデアが必要だと考えがちですが、その必要はありません。調査を重ねても、似たような課題が浮き彫りになることがよくあります。これは、向き合っている課題の根深さや、取り組みの難易度の高さが原因かもしれません。

　私も「対策がマンネリ化してしまって……何か面白い対策案はありませんか？」と聞かれることがありますが、毎年新しい対策を打ち出すことにこだわる必要はありません。

　前年度と同じような対策であっても、それが適切であれば継続して実施していくことが肝要です。ときには従来の方法を微調整するだけで、大きな効果が得られることもあります。

　重要なのは、**現状に満足することなく、常に改善の余地を探っていく姿勢**です。小さな改善の積み重ねが、やがて大きな成果につながります。部門の目標達成に向けて、一歩一歩着実に前進していきましょう。継続的な取り組みこそが、強い組織をつくり上げる鍵になります。

▶ 部門別対策の本質的な目的

　部門別に対策を実施した際、実際にうまくいく部門とそうでない部門が生まれます。こういった対策では実質的な効果が出ることはもちろん重要ですが、**組織風土やエンゲージメントを改善する意識が醸成されるだけでも充分な効果**だと考えています。

　このような活動を、会社として長期的に取り組んでいくことで、若手時代に組織改善を経験し、その意義を実感した従業員が部門長になった際には、自然とこの取り組みを実施することが当たり前になっているでしょう。

　このように、継続的な活動を通じて部門の風土が変化し、従業員一人ひとりの行動や状況に関心をもつことが当たり前の組織文化の醸成に役立つと考えられます。

対策推進の実態
——スムーズに進むのか？

ここまで横断的な対策と部門別の対策に分けて、対策の推進方法を紹介してきました。果たして、そこまでうまくいくものなのか……そんな疑問をもった読者もいると思います。そこで、「そんなにスムーズには運ばない」という論点で説明したいと思います。

エンゲージメント調査を初めて実施した段階では、どんなに熱心に調査の意図を伝えたとしても、大きい会社ほど意図が充分に伝わらない場合があります。そのため従業員からしてみると、何をしているのかよくわからず、初

図表 9-5-1 対策実施に向けてのハードル

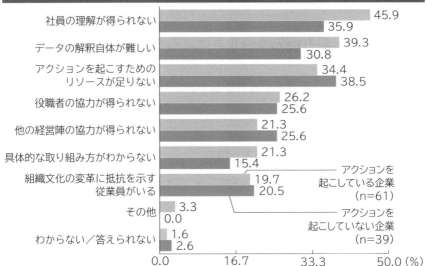

Q6 エンゲージメントサーベイの実施後、具体的なアクションを起こす／起こそうとするにあたり、社内でどのようなハードルがありましたか。（複数回答）

項目	アクションを起こしている企業 (n=61)	アクションを起こしていない企業 (n=39)
社員の理解が得られない	45.9	35.9
データの解釈自体が難しい	39.3	30.8
アクションを起こすためのリソースが足りない	34.4	38.5
役職者の協力が得られない	26.2	25.6
他の経営陣の協力が得られない	21.3	25.6
具体的な取り組み方がわからない	21.3	15.4
組織文化の変革に抵抗を示す従業員がいる	19.7	20.5
その他	3.3	0.0
わからない／答えられない	1.6	2.6

出典：「エンゲージメントサーベイに関する比較調査」（ミイダス株式会社）
https://miidas.co.jp/newsrelease/20240206/

回は対策への取り組みの優先順位が上がりにくい傾向があります。

ミイダス（パーソルグループ）が2024年2月6日に公開した「エンゲージメントサーベイを実施し、アクションを起こした企業とアクションを起こしていない企業の比較調査」に着目してみましょう（図表9-5-1）。

アクションを起こした、起こしていないにかかわらず、ハードルになった上位3件は、「社員の理解が得られない」「データの解釈自体が難しい」「アクションを起こすためのリソースが足りない」です。

これは私の実感とも重なります。たしかに、こういった声をよく耳にしますし、私自身も反省すべきと感じることがあります。

ですが、対策がうまくいっている会社、すなわちエンゲージメント調査の効果を感じている会社や職場は、こういった課題を確実に解決していることも事実です。従業員に調査への取り組みの重要性を丁寧に説明し、データは各職場の幹部が自分たちなりに読み込んだ解釈を丁寧に伝えています。リソースが足りないなりに集まり方や対策への取り組みの時間を確保するなど、工夫しています。

このように考えると、やはり**対策を実行するということ自体への優先順位の問題**なのではないかと考えています。

▶ 対策に取り組む優先順位を上げてもらうポイント

対策が機能している会社の特徴を踏まえながら、3つのポイントを挙げたいと思います。

●Point1：長期的かつ全体最適な視点

エンゲージメント調査の対策は必要性を感じつつも、業務に直結するイメージがもちにくい対策も多いため、現場側の本気度が上がりにくく、どうしても優先順位が低くなることもあります。

ですから、1年目から対策がうまくいかないとしても、あまり気にする必要はありません。**大切なのは、愚直に続けていくこと**です。経験上、対策が効果を生み出しはじめるのは3年目ごろからです。いろいろな自分たちの取

り組みや他職場の事例などを通じて、意義を感じたところから優先順位が高まり、機能しはじめます。

特効薬はないのか……と思う人もいるかと思います。強いていうならば、横断的な対策の中でも、従業員全体の外発的動機を刺激する施策（給与アップ、福利厚生の充実など）は、それなりに効果は出ますが、短期的な効果にすぎません。長期的な効果は内発的動機につながるような対策なので、残念ながら特効薬はありません。

毎回確実に対策を繰り返していれば、必ず効果が出てくるので、長期的な視点が大切です。

●Point2：サイレントマジョリティの声を重視している

機会がなければ強いて発言をしないという従業員はたくさんいます。もともと口数が少ない場合もあれば、あまりコミュニケーションを取ることが得意でない人もいます。その一方で、実は職場のことをよく見ていて、自由記述ではコメントを書いてくれることも多いように感じています。

こういうサイレントマジョリティの声を聞く機会を大切にしている会社（職場）は、対策がうまくいっているところが多い印象です。

●Point3：ポジティブかつ全体最適な考え方

すべての職場が一斉に変革活動に向かうということは、経験上至難の業といえます。日々の業務に追われる中で、人材育成や職場風土の問題に目を向ける余裕がなくなり、対策の優先順位が低くなる職場も出てきます。

対策の進捗を確認するときに、どうしてもこのようなうまくいっていない職場に目がいきがちになることもあります。もちろん、そういった職場のフォローも大切ですが、**うまくいっている職場・対策に目を向ける**ことは、全体の空気感を変えていく上では重要です。

部門別対策では素晴らしい対策をしたところを取り上げ、横断的対策は積極的に取り組み、きちんと周知していくことが重要です。この流れを着実に進めることで、対策に対するアイデアが出やすくなり、活気のある職場へと変わっていくタイミングが早まります。

エンゲージメント調査における対策の実行は、組織の持続的な成長と発展に欠かせないプロセスです。うまくいかないと感じることや、じれったく感じることも多いと思いますが、以上の3つのポイントを大切にしながら、前に進めていくことが大切です。

> ◆ 対策推進にあたり読んでおきたい参考書籍 ◆
>
> 対策推進に役立つ本をいくつかご紹介したいと思います。
>
> ■『サーベイ・フィードバック』(中原淳著、PHP研究所)
> 　エンゲージメント調査の結果のフィードバックに焦点を当てて書かれている書籍です。本書をお読みの方であれば、読んでいるかもしれません。事務局の運営ならびに事務局がどういう視点で関わればいいかという点で大変参考になる本です。
>
> ■『働く人改革』(沢渡あまね著、インプレス)
> 　職場の空気感を変えながら、どうやって人の変化を支えていくかを、企業事例を交えながら紹介しています。特に5章は横断的対策や部門別対策をサポートする事務局の視点で役に立つでしょう。
>
> ■『罰ゲーム化する管理職』(小林祐児著、集英社インターナショナル)
> 　事務局メンバーにも管理職が多く含まれると思いますし、何より対策の中心を担うのは管理職です。管理職の現状(2024年刊行)について大変よくまとめられているので、ご一読ください。

6

企業事例⑤ 結果を片手に、とにかく現場の部門長と議論してまわる

企業情報
- **社名**：フジテック株式会社（滋賀県）
- **業種**：エレベータ・エスカレータ製造業
- **従業員数**：約3000名
- **主担当部門**：マネジメント研修部

▶ **インタビュー**（にこにこリサーチ事務局の皆様）

Q. エンゲージメント調査を始めたきっかけを教えてください。

今までも従業員満足度調査を実施していました。非常に有用な分析もなされ、間接部門としては役に立っていましたが、調査結果をさらに有効活用させたいという思いから、現場での改善に活かし、その視点から、エンゲージメント調査のあり方を考えていきました。

現場の問題点について仮説はありましたが、調査を通じて実態の把握と問題点を可視化したく、自分たちでの活用を想定した調査をつくるという軸を据えつつ、冨山さんと協力して実施することにしました。

Q. にこにこリサーチという名前をつけ、ロゴも用意したと伺いました。どのように決めましたか？

調査に名前をつけたほうが、親しみを感じてもらえるのではないかと思い検討しました。当社には「テッキー」というマスコットがいて、テッキーを冠した名称もいいかと思いましたが、事務局で相談し、「社員が笑顔で働けるための、問題点を見いだせる調査であってほしい」という思いも込めて、

「にこにこリサーチ」に決まりました。

　ロゴは、公募してみようということになりました。社員の関心度がわからず、公募をしても集まらないのではないかという不安もありましたが、結果的にはかなりの応募をいただき、選ぶほうも困るくらいでした。

Q. 報告書をもって、各部門の対策を促進するため、部門別に訪問したと伺っています。反応はどのようなものが多かったですか？

　私たちが結果をもって現場を回ることで、部門長が現場をどのように見ているか、部門長と幹部の関係がどうなのかいろいろと見えてきたことがあります。

　また、にこにこリサーチの結果をもとにきちんと危機感をもって考えようという積極的な部門もあれば、まだ改善には時間がかかると感じる部門も実際にありました。にこにこリサーチを活用して、組織の風土・社員の意識に対して議論することが当たり前な文化が醸成されていけばと考えています。

　　　　　　　　　　　　　　　取材：冨山陽平（2024年5月30日）

9章のまとめ

➡結果報告は対策のスタートであり、報告会での適切な情報共有と定期的な情報発信が重要である。報告会では、報告対象者に応じた情報の強調や回答者の匿名性の確保などに留意する。

➡横断的な対策は、主管部門と担当役員が中心となって推進し、事務局は課題の特定、依頼、定期的な状況確認に徹する。対策の進捗や成果は適切に全社で共有し、全社的な意識改革やエンゲージメントの向上を図る。

➡部門別対策では、部門長との個別面談、推進体制の構築、対策立案支援など、事務局のサポートが鍵となる。推進体制では、部門長と推進リーダーを中心とした適切な体制を構築し、対策立案支援では事前質問会の実施や対策推進シートの活用が有効である。

➡対策の優先順位を上げるには、長期的かつ全体最適な視点、サイレントマジョリティの声の重視、ポジティブな考え方が重要である。対策の効果は短期的には現れにくいが、継続的な取り組みが組織風土の改善につながる。

➡対策の実効性を高めるために、事務局は各部門に寄り添いながら、優良事例の共有や対策の進捗管理に取り組む。対策の進捗状況を定期的に確認し、必要に応じて支援をおこなう。

Column 「こんなのやっても無駄だよ」と言われたら？

「こんなことやっても、うちの会社は変わらないよ。無駄、無駄」

　こういう声を、エンゲージメント調査の自由記述や実際の会話でもらうことは少なくありません。こういう声を上げる人がいる部門は、「言っても無駄」という空気感がある場合もあり、職場としてのエンゲージメントスコアも低い傾向にあります。
　こういう声に対して、役員から「従業員が無駄だと言うなら、やめようか？」という議論になることもあります。
　本当に面倒くさくて「無駄だよ」と言っている人もいるかもしれません。しかし、実体験も踏まえていえば、「対策を一緒に考えてほしい」というメッセージがかなりの割合で含まれていると思っています。「回答者が感じている無力感から出てくる声」や「何度も取り組んだけどうまくいかなかった実感からくる声」の場合もあるのです。
　事務局メンバーが一緒に具体的な対策を考えたり、過去に似たような活動をやって定着しなかったことがなかったかを確認したりと、**背景をしっかり捉えてサポートする**ことで、むしろ対策が効果的に機能し、職場の改善・上司の姿勢の改善につながったこともありました。

　冒頭の言葉が、調査全般に対してかけられた声だった場合は、**本当に各職場で充分に対策がなされているのか**を調べることが重要です。
　「こんなのやっても無駄だよ」という声は、変化を求める従業員の叫びである場合も多く、言葉を正面から捉えるのではなく、言葉の背景には、会社をより良くしたいという思いが込められているのではないか、と考えることも大事です。

10章

社外開示プロセス
——開示の基礎知識と好事例の把握

● ○ ● ⬡ ●

　人的資本経営の重要性が高まる中、企業には人材に関する情報の透明性が求められています。ステークホルダーに対して、自社の人的資本の状況や取り組みを適切に開示することは不可欠です。

　本章では、人的資本経営に基づく情報開示の一般的な考え方と、エンゲージメント調査に関する開示のあり方について解説します。エンゲージメント調査結果の望ましい開示方法と留意点を説明するとともに、実際の企業の開示事例を紹介します。

1 人的資本経営で求められる開示のあり方

　最終の10章は、1章で触れた人的資本経営全体を踏まえつつ、エンゲージメントを含めた人的資本情報の開示について説明します。図表10-1-1は、人的資本開示義務化に至るまでの流れを簡潔に示したものです。

　義務化自体は2023年3月期決算以降ですが、「人材版伊藤レポート2.0」の「実践事例集」にあるように、義務化前から自主的に人的資本情報を開示している企業も多く存在していました。さらに有価証券報告書等での開示が義務化されることにより、投資家に対する情報開示がさらに促進され、企業価値向上に寄与する流れがつくられました。

図表10-1-1　人的資本の情報開示に関わる公的資料の全体像

人的資本経営の「実践」方法
- 2022.5　人材版伊藤レポート2.0
  （公表: 経済産業省人的資本経営の実現に向けた検討会）

人的資本経営の「開示」の義務づけ
- 2022.6　金融審議会ディスクロージャーワーキング・グループ報告
  （公表: 金融庁 金融審議会「ディスクロージャーワーキング・グループ」）

人的資本経営の「開示」ガイドライン
- 2022.8　人的資本可視化指針
  （公表: 内閣官房 非財務情報可視化研究会）

人的資本の情報開示の「制度化」
- 2023.1　「企業内容等の開示に関する内閣府令」の改正
  （2023年4月1日施行、上位の法令: 金融商品取引法）

↓

2023年3月期決算以降、人的資本情報開示義務化（大手約4000社）

▶ 人的資本開示の基礎知識

では、具体的に人的資本情報の開示で枠組み面から求められていることを見ていきましょう。まずは2023年3月期決算以降に義務化されたものから見ていきます。

図表10-1-2 サステナビリティ開示の概観

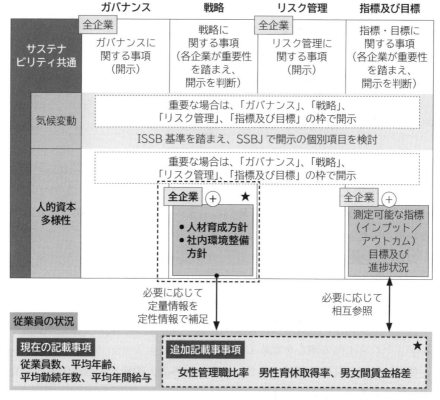

出典：金融庁「企業内容等の開示に関する内閣府令等改正の解説」を参考に著者が整理
https://www.fsa.go.jp/news/r4/singi/20230523/01.pdf

「企業内容等の開示に関する内閣府令等改正の解説」（金融庁公表）によると、人的資本に関連して、新たに有価証券報告書への記載が義務づけられたのは、図表 10-1-2 の★部分の 5 つの項目です。

「人材育成方針」と「社内環境整備方針」については、実際に記載内容を確認してみると、企業によって記載量に大きな差があり、各社の特色が反映されているといえるでしょう。また、従業員の状況については、従業員数、平均年齢、平均勤続年数、平均年間給与に加えて、「女性管理職比率」「男性育休取得率」「男女間賃金格差」の記載も求められています。

しかしながら、これらは有価証券報告書における最小限の記載義務であり、実態を充分に把握するには情報が不足していると考えられます。実際、現時点でこれ以上詳細に人的資本を開示している企業は多くありません。

投資家が人的資本に関する実態を理解するための開示としては、1 章の図表 1-6-1 で示した「人的資本可視化指針」で求められている 7 分野 19 項目が参考になります。このような内容を中心に、ステークホルダーに理解してもらうために、自社の人的資本の情報開示を考えることが今後求められます。

▶ 人的資本で投資家が求めている開示項目

では実際、投資家はどのような項目の開示を求めているのでしょうか。経営コンサルティング会社のリンクアンドモチベーションが、2023 年 4 月（2023 年 6 月公開）に実施した「機関投資家の人的資本開示に関する意識調査結果」によると、次のとおりになっています。

これによると、「ダイバーシティ」への関心がもっとも高く、2023 年では 50％の機関投資家が、開示が必要な項目として挙げています。次いで、「生産性」が 43％、「スキルと能力」が 41％と続きます。

投資家にとって、財務的な指標である「コスト」の重要性は疑いありませんが、それを上回る関心を集めている「ダイバーシティ」「生産性」「スキルと能力」は非財務的な項目であり、**コスト以外の人的資本項目への関心が高まりつつある**ことがわかります。

一方、「エンゲージメント」そのものへの関心は、2023 年時点で 31％と相

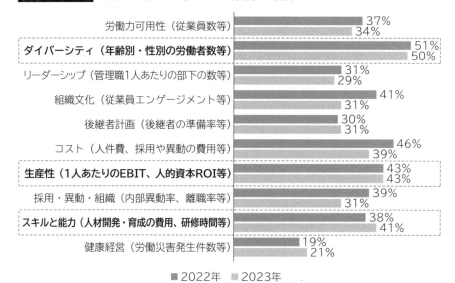

図表 10-1-3　開示が必要だと考える人的資本の項目

出典：「機関投資家の人的資本開示に関する意識調査結果」(リンクアンドモチベーション)
https://www.motivation-cloud.com/news/3273218

対的に低い水準にとどまっています。エンゲージメントスコアの開示は、機関投資家の評価軸として重視されていない可能性があります。

　一方、デロイトトーマツコンサルティングがTOPIX100構成銘柄企業の2023年3月期の決算開示内容を精査したところ、「ダイバーシティ」に次いで多かったのは「エンゲージメント」に関する指標でした。※

　企業側のエンゲージメント開示が増加傾向にあることを考えると、今後はスコアの変化やそれに対する対策も含めて開示が進むことで、機関投資家の関心も高まっていくことが考えられます。

※「デロイト トーマツ調査、人的資本情報開示にて人事戦略が目指す最終成果を示していない企業が76%」(デロイトトーマツコンサルティング)
https://www2.deloitte.com/jp/ja/pages/about-deloitte/articles/news-releases/nr20231129.html

2 エンゲージメント調査の結果を開示する方法

　先ほどのデロイトトーマツコンサルティングの調査結果でも、2023年3月期決算の人的資本開示で、エンゲージメントに触れている企業が多いことがわかりました。

　では、もう少し具体的に、2023年3月期決算の有価証券報告書でどれくらいの企業が、エンゲージメントに言及しているか確認してみましょう。パーソル総合研究所が、TOPIX500に採用されている企業のうち、380社の報告書を分析した結果があります。

　エンゲージメントに言及している企業は全体の64.2%ですが、実績値を公開している企業は27.9%にとどまります。また、エンゲージメントを高める施策を開示している企業は40.0%になります。

図表 10-2-1 エンゲージメントの開示方法

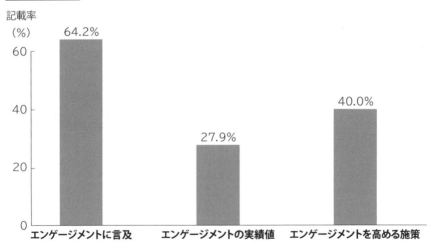

出典:「エンゲージメントとは何か——人的資本におけるエンゲージメントの開示実態と今後に向けて」(パーソル総合研究所)を参考に著者が整理
https://rc.persol-group.co.jp/thinktank/column/202310310001.html

この状態をパーソル総研は、次のように分析しています。

- 「言及」と「実績値」のギャップである36.3ポイントの中には、エンゲージメントに関心を寄せながら測定していない企業と、測定はしているものの開示を見送った企業が存在する。
- 測定しながら開示していない理由は、結果が思わしくないからと想定しているが、結果が悪くても開示することで向き合う姿勢を示してほしい。
- 今後、エンゲージメントに関する開示期待は高まっていく。
- エンゲージメントを高める「施策」として記載されているものは、人事制度の改定や労働環境の改善、組織風土改革、コミュニケーションの活性化、育成、スキルアップ、自律的なキャリア形成に向けた支援、上司による1on1の実践や部下マネジメントスキルの向上、などが挙げられる。

エンゲージメントに関する「言及」「実績値」「施策」の開示状況を調査した本分析は、非常に有意義であると考えます。現在、エンゲージメントについて言及している企業が64.2%であることについて、私は次のように考えます。

3章1項で紹介した労務行政研究所の2022年調査では、エンゲージメント調査または従業員満足度調査を実施している企業の割合は50%弱でした。本分析と労務行政研究所の調査では対象企業が異なるため、正確な比較は難しいものの、双方を照らし合わせると、エンゲージメント調査を実施している企業の多くは、有価証券報告書でエンゲージメントについて言及していると推察できます。

つまり、エンゲージメント調査を実施している企業は、その結果を開示する傾向にあるといえるでしょう。今後、エンゲージメント調査の実施企業が増加すれば、有価証券報告書におけるエンゲージメントの言及率も自然と高まっていくことが期待されます。

エンゲージメントは継続的な開示によってこそ、企業の変化を伝えることができます。本書でも述べているように、エンゲージメントは業績の先行指

標となり得ます。

　過去からどれだけ改善に向けた努力を重ね、その成果が実を結び、さらには業績の向上にもつながっているかが明らかになれば、近い将来、エンゲージメント調査の実施は当然のこととなり、投資家もさらに注目するようになるでしょう。

▶ エンゲージメント調査の開示で検討する要素

　エンゲージメント調査の開示にあたって、本書執筆時点（2024年9月）では、決まったフォーマットが提示されているわけではありません。
　私の考え方としてお伝えすれば、以下の項目を含めることで、ステークホルダーに伝わりやすいと考えています。

- エンゲージメントについての考え方
- エンゲージメント調査における総合的な設問の得点（エンゲージメントスコア）とその推移
- エンゲージメント調査において重要と考える設問項目5つ
- エンゲージメント調査に基づいて実施している主な対策
- エンゲージメントの改善が業績に与える効果

　特に定められた様式があるわけではありませんが、次項で紹介するような好事例を参考にしながら開示するといいでしょう。
　さらに他の人的資本情報開示項目（女性管理職比率、男性育休取得率、男女間賃金格差など）と関連づけながら設問項目や対策を選定することで、より効果的な開示につながります。

3

人的資本開示の好事例紹介
——エンゲージメント調査開示の視点から

　人的資本の開示は、統合報告書ならびに有価証券報告書でされていることが多いです。私の感覚としては、統合報告書の記載が具体的で、有価証券報告書はサマリーが記載されている印象です。

　人的資本の開示にあたっては、人的資本経営コンソーシアムが2023年10月に発行した好事例集を参考にされるといいでしょう。特に第1部に取り上げられている企業の統合報告書や有価証券報告書は、必ず確認することをおすすめします。

　本書では、その第1部で紹介されている企業のうち、エンゲージメント調査の結果について触れていて、かつ非常に質の高い開示がなされていると感じた企業を3社、紹介します。

●選定方法

　人的資本経営コンソーシアムがまとめた好事例集※第1部で紹介されている企業のうち、「従業員エンゲージメント（事例集では、『5つの要素』の④に該当）」が入っているものに絞り込み、実際に統合報告書ならびに有価証券報告書を確認し、私自身が好事例と感じたもの。

●好事例A：株式会社ツムラ
〈企業情報〉
- 東証プライム上場
- 医薬品
- 従業員数：約3000名（単体）

※「人的資本経営コンソーシアム 好事例集」（人的資本経営コンソーシアム）
　URL：https://hcm-consortium.go.jp/pdf/topic/2023_soukai03_GoodPractice_v3.pdf

〈コメント〉

　ページ数がすべてではありませんが、有価証券報告書において人的資本に関しては概ね2ページ程度の企業が多い中、5ページにわたって丁寧に記載されています。人的資本全般において内容が充実しており、人と言葉を大切にする会社だということが伝わってきます。

　エンゲージメントについても経年変化を開示しており、また得点の変化だけではなく、自由記述においてどういった記載があったかについても簡単に触れられています。非常に整った中身のある人的資本開示だと感じました。

●**好事例B：三井住友トラスト・ホールディングス株式会社**
〈企業情報〉
- 東証プライム上場
- 銀行業
- 従業員数：約14000名（単体）

〈コメント〉

　有価証券報告書において、サステナビリティの一環として、人的資本にかかる戦略が丁寧に記載されています。また人的資本を充実させる過程におけるエンゲージメント強化において、実行している施策や位置づけが非常にわかりやすく記載されています。

　また関連指標をひとつのページにまとめており、非常に明瞭な素晴らしい人的資本開示だと感じました。

●**好事例C：オリンパス株式会社**
〈企業情報〉
- 東証プライム上場
- 精密機器
- 従業員数：約3000名（単体）

〈コメント〉

　割かれているページ数は少ないですが、非常にコンパクトに要点がきちんとまとまった有価証券報告書だと思います。

統合レポートに書かれている内容のダイジェスト版の位置づけになっていて、無駄なく要点がきちんとまとまった、目指す方向性がわかりやすい人的資本開示だと感じました。

　今後、時間の経過とともに、優れた事例と評される統合報告書や有価証券報告書が増加していくことが予想されます。これらの事例を参考にしつつ、自社の人的資本開示、エンゲージメント調査開示のあり方についても継続的に改善していくことが望ましいでしょう。

10章のまとめ

➡ 人的資本経営の重要性が高まる中、企業には人材に関する情報の透明性が求められており、ステークホルダーに対して自社の人的資本の状況や取り組みを適切に開示することが不可欠である。

➡ 2023年3月期決算以降、有価証券報告書での人的資本情報開示が義務化されたが、これは最小限の記載義務であり、投資家が人的資本の実態を理解するためには、「人的資本可視化指針」を参考に必要な情報開示を考えることが求められている。

➡ 機関投資家は、「ダイバーシティ」などの非財務的な人的資本項目への関心を高めつつある。企業側の「エンゲージメント」に関する情報開示は少なくなく、投資家の関心が今後高まっていくことが考えられる。

➡ エンゲージメント調査の開示にあたっては、基本的な考え方、重要設問項目、主な対策、改善が業績に与える効果などを含めることで、ステークホルダーに伝わりやすくなる。また他の人的資本情報と関連づけながら説明することで、より効果的な開示につながる。

➡ 人的資本開示の好事例では、内容全般の充実、エンゲージメントの経年変化や自由記述への言及、施策や位置づけの明瞭さなどが見られ、これらを参考に自社の開示のあり方を検討していくことが望ましい。

Column 自社の「統合報告書」を見てみましょう

　10章3項で好事例を紹介する際に登場した「統合報告書」。これは財務情報と非財務情報を統合的に報告し、企業の中長期的な価値創造ストーリーを伝えるためのものです。作成しているのは上場企業が中心になりますが、企業を知る上でこれ以上ない資料だと思っています。

　数年前までは、統合報告書に書かれている内容のうち、財務寄りの内容はアニュアルレポート、非財務寄りの内容はサステナビリティレポートやCSR報告書といった形でバラバラに提供されていました。それが統合に関するフレームワークが示されたことで、2018年ごろから統合報告書としてまとまった形で提供されるようになったという印象です。提供時期は、会計年度終了からだいたい3カ月後なので、決算発表や有価証券報告書と同じタイミングです。

　先日、いくつかのクライアント先の一般社員の人（役員でもなく、コーポレートコミュニケーション関連でもない人）何名かに、「統合報告書って、知っていますか？　読んだことありますか？」と聞いてみました。ほとんどの人が「それは何？」という反応で、そもそも存在も知らなかったのです。

　一方、私の知り合いの長期投資をしている人は、統合報告書を企業理解に重要な資料と捉え、「読み慣れてくると、企業の実態に近い内容か、実態よりも盛った内容か、だいたいわかるようになってくる。だからこそ長期的な投資判断をしやすい」と言っていました。

　社員の立場であれば、年度方針や事業説明など、企業の方針を聞く場面があると思いますが、職場に関係のあることに絞られていることが多いでしょう。自社がどういうことをしているのか、全体として捉えるためにも一度、統合報告書に目を通してみてはいかがでしょうか。

　統合報告書は、企業WebサイトのIR情報カテゴリにあります。過去とも比較しながら読んでみると、自社に対する理解が深まると思います。

おわりに

　最後までお読みいただきありがとうございました。本書では、自社の「らしさ」を大切にしながら、従業員の本音に丁寧に向き合い、対策を推進することで、企業の業績・生産性につながる、エンゲージメント調査のあり方を紹介してきました。

　「自分たちでエンゲージメント調査をやってみよう！」と思った人もいれば、「これは難しいなぁ、専門家に任せよう……」と思った人もいるかもしれません。どのような形でも構いませんので、エンゲージメント調査の全体像をつかみ、理解を深め、調査結果がよりよい組織づくりに活かせそうだと思っていただけたのであれば嬉しく思います。

　私は、従業員意識調査という形で、創業以来サービスを提供してきましたが、出版を考えたことはありませんでした。人的資本経営という考え方も浸透しておらず、あまり万人受けする内容ではないだろうと思っていたので、本を書くことに労力を割くよりも、目の前の仕事に集中したいと考えていました。

　ですが、2022年の春ごろ、昔のクライアントで今も定期的に食事をする付き合いの長い方から、「冨山さんと一緒につくった従業員意識調査は本当に価値があるものだった。あなたの意識調査に対する熱意や思い、進め方は絶対に本にするべきだ」と言っていただきました。

　その気はないと思いつつも、人的資本経営の流れの中で、エンゲージメント調査をする企業が増えてきた社会事情がありました。私自身のエンゲージメント調査の進め方をまとめれば、誰かの役に立つのではないかと明確に思えたこともあり、企画書にまとめ、2023年の秋口に出版社に提案したところ、幸運にも出版の機会をいただけることになりました。

　しかし、実際に書いてみると、自分が伝えたいことをきちんと文章で伝えられているか不安になる場面が多々ありました。ですが執筆の過程で頭をよぎった多くのクライアントとの協働の中での喜びや苦悩は、そんな不安を払

試してくれました。特に5つの企業事例にご協力いただいたみなさまとのやりとりには、かなり勇気づけられました。ありがとうございます。

そして、この本を書ききる上で、多くのみなさまに実務的なサポートを頂戴しました。

本書を書くよう粘り強く説得してくださり、書いていく過程でも原稿を都度読んで、私らしさが出ているかという視点で助言をくださった駒野隆志さん。私の仕事の流儀を一番深く理解していて、本書で出現する言葉が、私の普段使っている言葉と一致しているかを確認してくださった幸寺正晃さん。エンゲージメント調査に取り組んでいく上で常に意識していた「働きがいや意識調査の結果は、業績の先行指標になる」という視点を与えてくださり、本書を書き進める過程でも相談に乗っていただいた東郷直樹さん。彼ら3人がおられなかったら、私は従業員意識調査の業務をここまで続けていなかったと思います。ありがとうございます。

また、7章で紹介している統計的手法に関するファクトチェックは、大学院の先輩でもある(株)クリエイティブ・インテリジェンス代表取締役の山田典一さん(『データ分析に必須の知識・考え方 認知バイアス入門』〈ソシム〉著者)にお願いしました。そして、私のつたない文章を修正してくださった同文舘出版(株)の戸井田歩さん。この場を借りて御礼申し上げます。

最後になりますが、原稿のわかりにくい部分の指摘・修正や多くの企業の人的資本開示の状況調査といった執筆面のサポート、そして、私が慣れない執筆作業で家事が疎かになっているにもかかわらず、一手に対応してくれた妻、佳代(『女性部下マネジメントの教科書』〈同文舘出版〉著者)に心から感謝します。

2024年9月　　　　　株式会社これあらた 代表取締役 冨山 陽平

読者 Web 特典のご案内

　書籍よりもデータでお届けしたほうがわかりやすいものを、読者 Web 特典として下記のサイトで提供しています。

　なお、読者からの要望があれば、公開してもよいと考えられるデータ、資料であれば、可能な範囲で追加する予定でいます。

　読者 Web 特典はアンケートにお答えいただくとご覧いただける形になっています。

☞ URL: https://pr2409.core-arata.co.jp/
パスワード：8$y5#p5s&k8a

――― 特典内容 ―――

(5章)
- 設問設計コンセプト例
- 設問群設計用シート

(6章)
- Web調査票
- 紙面調査票

(7章)
- 分析用データの整理例
- 補間中央値の算出方法

(9章)
- 対策推進シート（詳細記入版）
- 対策推進シート（概要記入版）

著者略歴

冨山　陽平（とみやま　ようへい）

株式会社これあらた 代表取締役
1979年、東京都渋谷区生まれ。2001年、東京理科大学理工学部情報科学科卒業。2003年、東京工業大学大学院社会理工学研究科価値システム専攻修了。大学・大学院では情報理論や経営工学を学び、ダイヤ計画に関わりたくて東日本旅客鉄道株式会社（JR東日本）に入社したが、配属された各現場で風土改革の重要性と企業業績への影響度の高さに関心が移る。2007年、組織風土改革を専門とする株式会社スコラ・コンサルトに転職し、製薬会社・精密機械メーカーを中心に複数の風土改革プロジェクトを担当しつつ、組織風土調査の開発ならびに社内情報システムの再構築に関わる。2009年、株式会社これあらたを創業。ICTコンサルティングをメインとして起業したが、現在は従業員意識調査（エンゲージメント調査）が中心となる。組織風土改革も含めて、「組織と人の〈らしさ〉を一歩先へ」を意識して支援している。趣味は、推理小説・乗馬・競馬・温泉巡り・日本酒。

【お問い合わせ】
株式会社これあらた
https://www.core-arata.co.jp

人的資本経営を実現する
「エンゲージメント調査」のつくり方・活かし方

2024年10月3日　初版発行

著　者　──　冨山陽平

発行者　──　中島豊彦

発行所　──　同文舘出版株式会社
　　　　　　東京都千代田区神田神保町1-41　〒101-0051
　　　　　　電話　営業03（3294）1801　編集03（3294）1802
　　　　　　振替00100-8-42935
　　　　　　https://www.dobunkan.co.jp/

©Y.Tomiyama　　　　　　　　　　ISBN978-4-495-54171-2
印刷／製本：三美印刷　　　　　　Printed in Japan 2024

JCOPY　〈出版者著作権管理機構 委託出版物〉
本書の無断複製は著作権法上での例外を除き禁じられています。複製される場合は、そのつど事前に、出版者著作権管理機構（電話 03-5244-5088、FAX 03-5244-5089、e-mail: info@jcopy.or.jp）の許諾を得てください。

仕事・生き方・情報を サポートするシリーズ
あなたのやる気に1冊の自己投資!

エンゲージメントを高める
場のつくり方

広江 朋紀 著／定価1,870円(税込)

キックオフミーティング、ワークショップ、社員総会、表彰式……人や組織が変わるきっかけとなる「場」となる「社内イベント」でエンゲージメントを最大化する具体策を8社のケーススタディと共に紹介。

仕事の価値を高める会議
オフサイトミーティング

スコラ・コンサルト 対話普及チーム
若山 修・刀祢館 ひろみ 著／定価1,760円(税込)

"本当は話したほうがいい重要なこと"を話す場=「オフサイトミーティング」の事前準備から当日のコーディネート、振り返りとアフターフォロー、困ったシチュエーション対策、実践例までを解説。

次世代リーダーの新ビジネス知識
組織と人を変える
コーポレートガバナンス

赤松 育子 著／定価2,420円(税込)

法務や会計等のハード面と、組織風土醸成や多様性の受容等のソフト面とを有機的に捉えることで、「どのようにガバナンスに挑めばいいのか?」がわかる1冊。新任役員トレーニングにも最適!

同文舘出版